JN122119

ヤマケイ文庫

ひとりぼっちの日本百名山

Sako Kiyotaka

佐古清隆

Yamakei Library

ひとりぼっちの日本百名山・目次

第二章 『百名山』の五合目に登る

第三章　『百名山』の頂上部が突如見える

第四章　『百名山』の長尾根にあえぐ

第五章 『百名山』の胸突八丁を登る

はじめに

一九七五年、見よう見まねの我流で山登りを始めて十三年たち、私はようやく「日本百名山」を登り終えた。

深田久弥著『日本百名山』の存在を知り、文庫本を買ったのが山登りを始めて三年半を過ぎた一九七八年十一月、三十二歳のときだった。その時点で、百名山には三十一山に登っていた。当初は、なにがなんでも百名山の数をかせぐという考えではなく、ふえるのなら、ふえるのもよしという程度だった。

私の初期の登り方は、登った山から見えた山に登ることが多かった。そのなかでも比較的有名な山岳、それも標高の高い山をめざす傾向が顕著で、登山を始めて二年目には、国内の標高ベストテンのうち九山を登った。当時の実力不足を振り返ると、冷や汗の出る思いがする。

何回かの登山をするうちに、山登りのテーマとして、「歩きつないで日本横断」することを思いついた。歩いたルートを地図に赤線で印すと、その切れ間が気になり、それをうずめたくなった。

一九七九年八月、新潟県親不知海岸に到達し、神奈川県小田原市の御幸ノ浜とを結ぶことができた。（117ページの地図参照）

こうして地図上で太平洋側と日本海側とを赤い線でつないだあと、何か別のテーマがほしくなった。

今度は「毎月登山」が可能ではないかと思いついた。先の「日本徒歩横断」が空間的な切れ間をつなぐことに対し、時間的な空白をうずめていくことになる。

一九八〇年には、三千メートル以上の登り残していた山をつぶしてしまおうと南アルプスに出かけた。その時点で百名山は四十七山。遅々として進まない。翌年の夏に四山ほどふやしたが、失速気味で、その年は五十一山どまりとなった。

一九八一年夏から八四年夏までの三年間に二山しかふえていない。

百名山完登は、はるかかなたの存在に感じられてきた。百名山への意欲が薄れてきた理由は、百名山を追うと、当初の「登った山の山頂から見えた山に登る」ことができにくくなり、自分の山登りでなくなりそうに思えたことがあげられる。他人の基準で選ばれた山をなぞることになんの意味があるのだろうかという疑問も生じてきた。山は、登る前にその山容・山体を麓や別の山から充分に眺めて登りたいと思う。遠隔の見知らぬ土地に着き、いきなり山ふところに飛びこんでしまい、樹林の道をひたすら歩くだけでは気分がしっくりしない。不幸にして山頂付近で霧に巻かれたりして展望が得られないまま下山するケースなどは、はたしてその山に登ったことになるのかどうか。展望を楽しむこともその山の大きな要素ではないかと思う。

この時点で、百名山登り残しの山四十九山を見直すと、北海道・東北が約二十山で、半分ほどを占めていた。ますます前途多難を思わせた。

百名山にとらわれず、自分の登りたい山に出かけることにしよう。義務感にとらわれない山登りのほうがいい。自分の行動を弁護する理屈があとからあとから思いつく。

一九八三年はついにゼロ。そして八四年の夏まで一山もふえなかった。

一九八三年夏にアマチュア無線を開局し、山岳無線を楽しみ始めた。無線雑誌の「山岳移動賞」（二十万分ノ一地勢図掲載の山頂で無線運用し、一山ごとに二十五枚以上の交信証を得て、その山の数を競う）を意識し、東京近郊の山に出かけることが多くなった。一山ごとに、二時間前後マイクを相手にしゃべることは負担ではあったが、山頂で時間滞在するのもいいものだという気持ちもあった。

ところが、であった。

一九八四年秋、朝日新聞を見て、落雷を受けたようなショックを感じた。それは、

「服部セイコーの会長、百名山を踏破」という記事であった。激職についている人でも登ったのだ。急に、百名山に対してムラムラとしたものがわきあがってきた。かりに、『日本百名山』にある北海道の山九山には登らないとしても、残り九十一山には登ってみようと一念発起した。

まず、関東周辺での日帰り・一泊コースを中心に始める。

九州は、その年の年末年始に片付けた。しかし、できるだけガツガツした登山は避けたいと思った。霧島山は、宿題だった高千穂峰に登り、六年前に歩いた韓国岳までつなぐことで満足感を得た。

一九八五年に入り、残雪が少なくなるのを待ち、スケジュールを組む。秋に、光岳を登ったついでに聖平まで歩き、「日本徒歩横断」の赤線を光岳まで結びつけた。ここまでくると、北海道の山に登ってみたい気持ちも出てきた。

次の年の夏にいよいよ北海道へ向かった。北海道九山については、三、四回に分けて登る人が多いようだ。

この時点で、東北地方をかなり残している。秋にまとめて登ることにした。仕事の都合もあり、朝日連峰と飯豊連峰は一度帰京し、分割して登る。それぞれ広い山域をもち、遭難など万が一のことを考えると、出発前には相当緊張した。縁起でもないが、部屋の押し入れを整理して出かけたものだ。

十月には東北地方の北部、十一月は中国・北陸地方を登り終えようと計画する。東北地方は、岩木山をふりだしに、毎日一山ずつ六山登る。温泉めぐりをかね、紅葉と新雪との境目をすり抜けるような山行となった。

大山、伊吹山のあと、大台ヶ原山に足を向けようかと迷った。荒島岳は深田久弥のひいきで百名山に加えられたフシもある。考えを変えると、九十九山にプラスあとの一山は、それぞれ登山者が自分の好きな山を選ぶのもおもしろいと思った。

結局、大台ヶ原山はいつでも登れそうだが、荒島岳はこの機会に登らないと変な残し方になることを予感して、足を延ばした。

一九八七年の夏は北海道に目標を絞る。ヒグマの多い日高山地の幌尻岳などは、単独行ではたして入山可能かどうか不安であった。心配したせいか、出発直前には二十年ぶりに痔の症状が出るしまつだった。さいわいにも仕事にすきまができ、北海道の山も難なく登り終えた。阿寒岳は、雌阿寒岳と雄阿寒岳との二山で一セットというのを耳にしたことがあり、悔いが残らないように雄阿寒岳にも登る。

これで九十四山。百山目をどこにしようかという考えがちらつき始める。語呂合わせのようだが、百山を飾る意味で雨飾山を最後までとっておくことにする。

吾妻山、高妻山、焼岳はそれぞれ一泊二日で終える。

焼岳のときは、ついでに三千メートル以上の山同士を結びつけるために、湯川渡の茶嵐バス停から白骨温泉経由で乗鞍山麓の鈴蘭まで歩く。上高地は十年ぶり、白骨温泉は実に二十年ぶりに再訪した。山行ごとに地図上に印した赤いボールペンの線がつながり、三千メートル峰では、立山と御嶽山が孤立するのみとなった。

大峰山では、山中で台風に襲われた。通過直後の跡が生々しいなか、倒木を越えながら歩いた。百名山完登の道は厳しい。しかし、翌日の大台ヶ原山は快晴で、下山路では静かな大杉谷が楽しめた。

思い返せば、百名山登山でたくさんの人に会った。百山のそれぞれで、言葉を交わした人、無言ですれちがった人がいる。名前、住所を知らせることなく過ぎ去った人も多い。

私の場合、百名山に限らず、登山は単独行のことが圧倒的に多い。山岳関係の団体に属したことがないので、当然ひとりで出かけることになる。

二百七十七回の登山中（一九七五年五月から一九八八年四月まで）、二百四十四回が単独行で、百名山については八十八山が単独行だ。残り十二山のうち、初登が複数行で、のちに単独で再登したのが六山あり、単独行で登らなかったのは六山を数えるだけである。

山登りの鉄則ともいえる「単独登山はやめましょう」という呼びかけに反した登り方に、私は少しうしろめたさを感じている。私の登山スタイルは縦走主体であるとはいえ、山中でトラブルをおこせば、たしかに危険度は増大する。

その反面、単独行は計画変更が自由で、天候選択の点では有利だ。百名山のうち、九十山については展望を楽しむことができた。しかし、遠征の際は悪天候でも行動し勝ちだ。十山のうち、斜里(しゃり)岳、羅臼(らうす)岳などは強風で雨に打たれ、頂上で記念撮影しただけに終わった。ぜひ再登したいと思っている。

百名山をめざしている間に感じたのは、百名山のガイドブックのようなものがほしかったことである。深田久弥の著書から、その当時の登山状況は推察できるが、最近の事情はつかみにくい。

山行途中に出会った登山者からも百名山ガイドブックがほしいという声を何回となく聞いたことがある。

また、完登した人の体験談が聞ければ、心強くなるのにと思ったこともある。完登者のだれかが体験記を出版しないものかとも思った。

一九八七年七月に、拙著『ひとりぼっちの山歩き』(山と溪谷社刊)が出版された縁でこの本が企画された。前回同様、失敗談などはつつみかくさず、できるだけさらけだすことを心がけた。

＊本文の内容は著者の山行当時のものです。登山道や山小屋の状況、鉄道・バスの路線名や運行形態などが現状と異なる場合がありますことをお含みおきください(夜行列車は全廃、バス路線も多くが廃止されています)。一部、その後の変化を付記しましたが、現在とあるのは本文庫版の刊行時を指します。
＊標高数値は二〇二三年四月現在のものに改めました。
＊登山には自然災害をはじめとする不確定要素に左右される面があります。山行に際しては、気象情報、火山情報などの入念がチェックが必要です。準備万端であっても事故を免れる保証はないこと、くれぐれもご留意ください。

深田久弥選『日本百名山』

- 山名は一般的に呼称されているピーク名を採用し、深田本の表記を（　）内に記した
- 数字は本書の掲載番号を示す

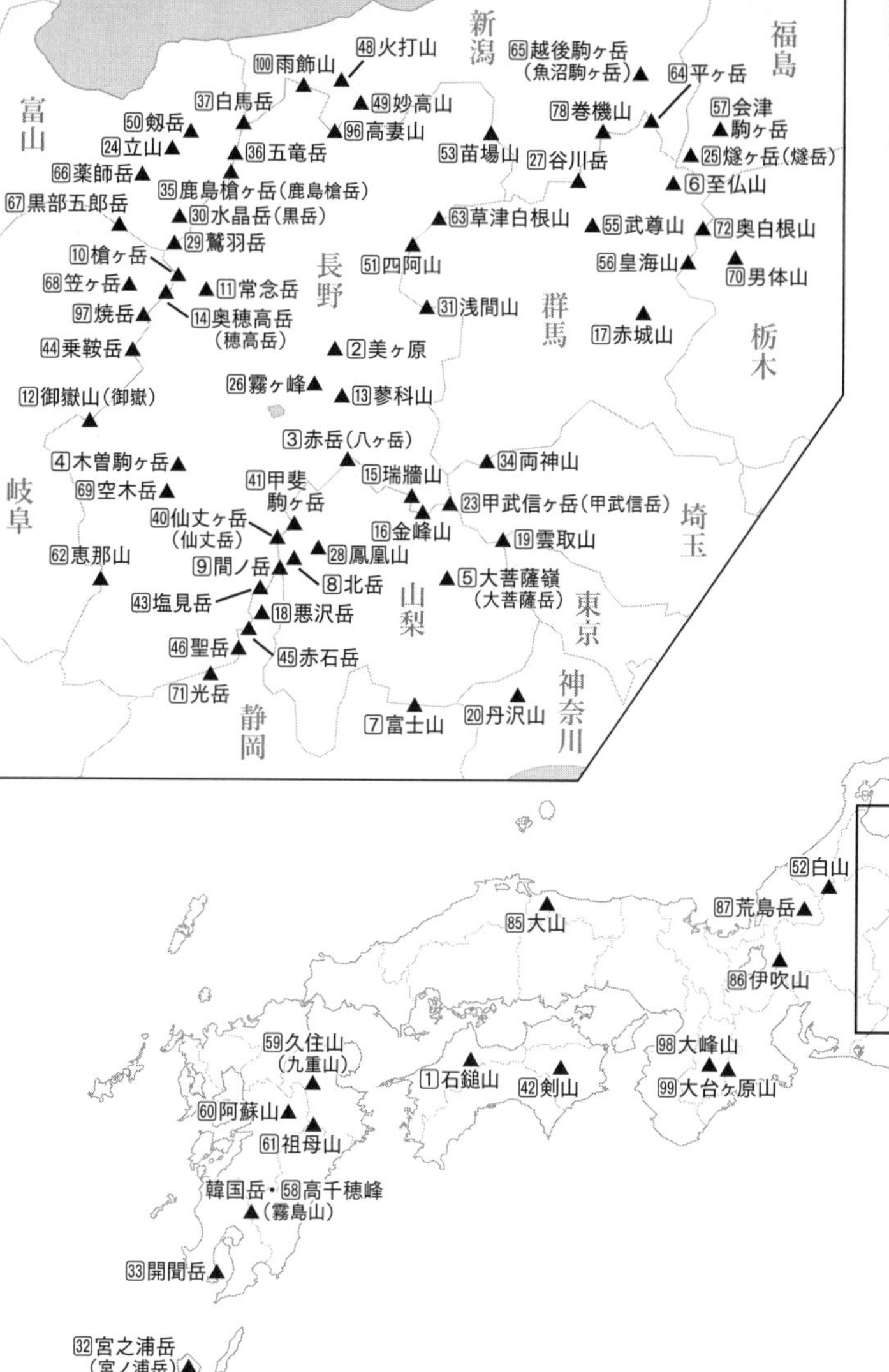

新潟
福島
富山
長野
群馬
栃木
岐阜
山梨
埼玉
東京
神奈川
静岡
100雨飾山
48火打山
65越後駒ヶ岳（魚沼駒ヶ岳）
64平ヶ岳
37白馬岳
49妙高山
78巻機山
57会津駒ヶ岳
50剱岳
96高妻山
24立山
36五竜岳
53苗場山
27谷川岳
25燧ヶ岳（燧岳）
66薬師岳
35鹿島槍ヶ岳（鹿島槍岳）
6至仏山
67黒部五郎岳
30水晶岳（黒岳）
63草津白根山
55武尊山
72奥白根山
29鷲羽岳
10槍ヶ岳
51四阿山
56皇海山
70男体山
68笠ヶ岳
11常念岳
97焼岳
14奥穂高岳（穂高岳）
31浅間山
17赤城山
44乗鞍岳
2美ヶ原
26霧ヶ峰
13蓼科山
12御嶽山（御嶽）
3赤岳（八ヶ岳）
4木曽駒ヶ岳
34両神山
41甲斐駒ヶ岳
15瑞牆山
69空木岳
23甲武信ヶ岳（甲武信岳）
40仙丈ヶ岳（仙丈岳）
16金峰山
19雲取山
62恵那山
28鳳凰山
9間ノ岳
8北岳
5大菩薩嶺（大菩薩岳）
43塩見岳
18悪沢岳
46聖岳
45赤石岳
71光岳
7富士山
20丹沢山
52白山
85大山
87荒島岳
86伊吹山
98大峰山
99大台ヶ原山
59久住山（九重山）
1石鎚山
42剣山
60阿蘇山
61祖母山
韓国岳・58高千穂峰（霧島山）
33開聞岳
32宮之浦岳（宮ノ浦岳）

私の百名山登頂記録

1979	1978	1977	1976	1975	1971	1959	
開聞岳 **韓国岳**		**丹沢山** **筑波山**	▲赤岳				1月
両神山		**▲天城山**					2月
		甲武信ヶ岳					3月
		雲取山 甲武信ヶ岳					4月
	鳳凰山	**▲立山** **▲燧ヶ岳** 金峰山 赤岳	**▲至仏山**				5月
赤岳							6月
		霧ヶ峰 ▲富士山	**富士山** **北岳**				7月
▲鹿島槍ヶ岳 **▲五竜岳** **白馬岳**	**鷲羽岳** **水晶岳**		**間ノ岳** **槍ヶ岳** **常念岳**	**赤岳** **木曽駒ヶ岳** **大菩薩嶺**		**▲石鎚山**	8月
▲那須岳			**御嶽山** **蓼科山** **奥穂高岳** 槍ヶ岳	▲大菩薩嶺	**美ヶ原**		9月
		谷川岳	**瑞牆山** **金峰山**				10月
	浅間山		**赤城山** **▲悪沢岳** ▲富士山				11月
	宮之浦岳		**▲雲取山**				12月

細字は再登の山　▲は複数行

1988	1987	1986	1985	1984	1983	1982	1981	1980
			阿蘇山 祖母山					
▲雨飾山			恵那山 草津 白根山	両神山				
		奥白根山	平ヶ岳 燧ヶ岳					
	鳥海山	▲雲取山	越後 駒ヶ岳			鳳凰山	磐梯山	早池峰山 仙丈ヶ岳 甲斐 駒ヶ岳
	幌尻岳 十勝岳 トムラウシ 羅臼岳 雄阿寒岳 後方 羊蹄山	▲利尻山 旭岳 斜里岳 雌阿寒岳	薬師岳 黒部 五郎岳 笠ヶ岳	北岳 間ノ岳	大菩薩嶺	白山	火打山 妙高山 剱岳 立山	剣山
	吾妻山 高妻山	大朝日岳 飯豊山	空木岳	苗場山 安達 太良山 富士山	悪沢岳			塩見岳 富士山 北岳 間ノ岳
	焼岳 大峰山 大台ヶ 原山	巻機山 岩木山 八甲田山 八幡平 岩手山 蔵王山 月山	男体山 光岳	武尊山 皇海山 会津 駒ヶ岳	立山			乗鞍岳
		大山 伊吹山 荒島岳			大菩薩嶺 丹沢山		四阿山	赤石岳 聖岳 悪沢岳
				高千穂峰 久住山	天城山			

〈行程表の凡例〉

= 乗り物利用
− 徒歩
☗ 小屋（宿泊施設）泊まり
⚠ 幕営
㊡ 休憩
㋐ アマチュア無線を運用

第一章　『百名山』の山麓を歩く

私が山登りらしいものを始めたのは一九七五年五月だった。初心者向けの東京周辺の山を紹介したガイド書を購入して、「一般向け」「家族向け」「健脚向け」などの目安マークを頼りに山を選んだ。それ以前には松本市や諏訪湖周辺の道祖神めぐりをしていた。山麓歩きが中心で、高い山は「眺める山」だった。

百名山についてはその年の八月、赤岳（八ヶ岳）、木曽駒ヶ岳、大菩薩嶺（だいぼさつ）の三山に登った。秋には東京近郊の低山を歩き、のんびりした山行を繰り返していた。そこへ飛びこんできたのは、冬山山行への知人からの誘いだった。おっかなびっくりの積雪期山行を経験した。

翌年、南アルプス、富士山、槍・穂高などを登ったほか、奥秩父などへと行動範囲が広がった。山登りを始めて三年半のころ、浅間山で『日本百名山』九十九山目の登山者に会い、百名山を意識することになった。

① 石鎚山

1972m（弥山）／1982m（天狗岳）　愛媛県

百名山の一山目、石鎚（いしづち）山は中学生のときに登った。香川県琴平（ことひら）中学校一年生の夏休みに、教師が引率し、二十人前後で石鎚山に出かけた。

身づくろいは、運動靴にトレパン、上着は開襟シャツだった。

寝袋はなく、各自が毛布を持参した。毛布の携行方法は、まずぐるぐる巻きにし、次に両端同士をヒモでしばり、最後に輪をつくる。その輪に腕を通す。出発前の簡易講習会で、教師からこの方法が兵隊方式だと教えられる。しかし、この方法は雨にでも遭えばたちどころにぬれてしまう。

予讃本線の伊予西条駅まで汽車に乗り、バスで登山口に向かった。

成就社（じょうじゅしゃ）でひと休みして、奉納されたらしい「石の鎚」を見る。途中で霧と小雨に遭い、悲壮感を漂わせて歩いた。

行者ノ鎖（くさり）の途中で、同行のひとりがうずくまって動けなくなった。彼の目には生気

①石鎚山
1959年8月
伊予西条駅＝登山口－成就社－行者ノ鎖－小屋⌂－石鎚山－小屋－成就社－登山口＝伊予西条駅

がなく、顔色は青い。何か食べさせたほうがよいと勝手に判断し、ソーセージをすすめてみた。彼はそれをたちどころに食べてしまい、まもなく元気になった。

雨模様がつづき、引率教師の判断で、途中の小屋に避難する。教師の顔もくもりがちだ。

狭い小屋の中で食事はつくることができず、ありあわせのおやつなどで簡単にすませる。夕食のために分担して持ってきた牛肉はそのまま持ち帰ることになった。毛布は、少しはぬれたが、気にすることなく寝入ってしまった。

小雨の翌朝、希望者だけ山頂に向けて出発した。景色は見えなかったが、弥山（みせん）に立ったことに満足した。

急な下りでは、岩がぬれていて二、三回スリップする。この当時は、三点確保（両手両足の四点のうち、三点で体を支え、一点ずつ移動して登下降すること）や岩に向かって下ることを知らなかったので、斜面に背を向けて下った。

② 美ヶ原

2034・4m（王ヶ頭） 長野県

二山目の美ヶ原は、東京で就職し、松本へ遊びに行ったときにバスで訪れた。ただし、このときは美ヶ原より鉢伏山のほうに力点があった。美ヶ原はバスで楽々と頂上に着ける。この山は下るための山だ。鉢伏山は学生時代に思い出があり、ひょっとしたら、私の登山に潜在的な影響を与えているかもしれない山である。

美ヶ原の頂上部は駐車場まで大型バスで来た観光客で大変なにぎわいだった。歩いていてもなにか気恥ずかしい。

雑踏から逃げるように下り、扉峠へ向かう。塩クレ場、茶臼山を過ぎると静かになる。三峰山から鉢伏山にかけては一部登山道が崩れ、木の枝などにしがみつきながら通過した。

学生時代に登ったルートとは違うが、気持ちはそのときの状態に引き戻される。

＊

十月なかばごろ、大学（兵庫県西宮市）のクラブ活動の帰り道、友人と衝動的に信州へ行こうという話になり、ふだんの街着で大阪から夜行列車に乗った。

まず上高地へ行き、白骨温泉に泊まる。

次の日、霧ヶ峰に行くつもりだったが、ちょうどバスがあるというので鉢伏山に方向転換する。松本市内でトマトの缶ジュースなどを買っていく。

②美ヶ原
1971年9月14～15日
松本駅＝美ヶ原高原－王ヶ頭－塩クレ場－茶臼山－扉峠－三峰山－鉢伏山荘⌂－鉢伏山－牛伏寺＝松本駅

鉢伏山荘の談話室では、崖ノ湯から歩き、高ボッチからは広い道をたどった。小屋に逗留している人からスライド写真を見せてもらいながら、高山植物の解説を聞いた。

「美ヶ原はああいうふうになってしまったけれど、ここは静かであってほしい」という意味のことを聞かされる。物静かに話すその人は、登山道の指導標がグラつかないように、地中部分に十字の木組みを打ちつけることや、霧に巻かれたときにいちばん目につきやすい色を調べていて、何回か実験をしていることを説明してくれた。街着で、紙袋だけのわれわれに、遠回しに山での注意を促していたのかもしれない。ご来光とご来迎とを混同しないようにとも教えてくれた（ご来光＝日の出時の太陽を見ること。ご来迎＝太陽を背にして霧などに映った自分の姿を見ること。ブロッケン現象のこと）。

次の朝、山頂までの草原を息せききって登ったが、楽しみにしていた富士山は見えなかった。ただ、美ヶ原が台地状に見え、テレビ塔などが目についた。

扉温泉へ下り、途中の営林署小屋の前で、山荘でつくってくれたおにぎりを食べた。

＊

学生時代に受けたイメージそのままに、鉢伏山は静かだった。若山牧水の歌碑もそのまま草のなかにあった。北アルプスの峰々が長くつづいていたが、特徴のある槍ヶ岳以外はどれがどの山だかさっぱりわからないし、興味もわかなかった。

のちにわかったことであるが、スライドの人とは日本山岳界にとってゆかりの深い岡茂雄さんのことだ。

岡さんは『本屋風情』（平凡社刊）、『炉辺山話』（実業之日本社刊）などの著者としても知られているが、かつては文化人類学、山岳書籍などの専門出版社・岡書院や梓（あずさ）書房を経営したほか、広辞苑の前身『辞苑』や日本山岳会の『山日記』に関わった方である。

3 赤岳（八ヶ岳）

2899・4m　山梨・長野県

三山目からは〝登山〟〝山登り〟の身じたくをして出かける。

一九七五年五月に登った南アルプス前衛の山・入笠山（にゅうがさ）の印象がよくて、その登山道から見えた八ヶ岳に魅せられた。

入笠山に登ったときは、リュックサックをまだ購入していなくて、手さげバッグに菓子パン、タオルなどを詰めこんでの山行だった。

山道を歩くときの基本は〝歩幅を狭くして、ゆっくり進むこと〟というのを耳にしたことがあり、それを忠実に守る。下山後に痛感したことは、両手を使うためにザックが必要なこと。さっそくナップザック程度の大きさのザックを買い求めた。

三千メートル近い山に登ったのは八ヶ岳の赤岳が最初となった。紺のTシャツ、白い綿パン、キャラバンシューズで出かけた。中央本線茅野（ちの）駅のバスターミナルに登山者が増え始め、一時間早くバスの臨時便が出た。

当初、天狗岳だけを登るつもりで渋ノ湯から歩く。途中でクルマユリを見かける。黒百合ヒュッテの手前から山頂をめざして失敗した。湿地帯のような窪地に踏みこみ、灌木（かんぼく）を手で分けて進む。枝の反り返りに押し戻されて苦戦する。

天狗岳近くでミヤマダイコンソウの黄色い花に目を奪われ、遠景の山をぼかして写真に撮る。高山帯へ来たことを実感する。

③赤岳（八ヶ岳）
1975年8月2日
茅野駅＝渋ノ湯－天狗岳－箕冠山－オーレン小屋－硫黄岳－赤岳－行者小屋－美濃戸口＝茅野駅

岩の山頂から、北アルプスの峰々、御嶽（おんたけ）山、乗鞍、南アルプスなどがよく見えた。胸が躍るほど恵まれた天気で、高山気分を味わう。

臨時バスで一時間トクをしていることだし、あまりの天候のよさに赤岳まで行ってみようと、衝動的に計画を変更した。遅くなれば、途中の山小屋に泊まってもいいのだと考える。

途中で、下りなくてもいいオーレン小屋まで間違って下る。豊富な水を飲み、硫黄（いおう）岳へ登り返す。横岳付近で霧に巻かれて心細くなるが、山道をはずさないかぎりは安全だと自分にいいきかせる。

赤岳山頂手前の小屋でラーメンを食べる。砂礫（されき）の斜面にロープが張られて立ち入り禁止になっているのをいぶかしく思ったが、高山植物の保護とわかり、納得する。

赤岳山頂は大勢の人で鈴なりだ。まっ白い積乱雲がもろ肌を脱いでムクムクと盛り上がってきた。

山小屋に宿泊申し込みする方法がわからず、尻込みしてしまう。隣に居合わせた人の地図を見せてもらい、下山ルートを検討する。時間のゆとりがなく、休むひまなく文三郎道を下る。急傾斜で歩きにくい。行者小屋へ下り、美濃戸（みのと）口へ向かう。バス停近くで、足を痛めた女の人を背負って下る男性に追いつく。男性は汗びっしょりの状態で、猿のように顔面をまっ赤にして歩いていた。彼らもなんとかバスにまにあったが、吹き出た汗が車窓からの風で冷やされ、気持ちよさそうだった。

赤岳登山を回想する。周りの登山者を見ると、いかにも山男、山女といういでたちの人が多かった。綿パン、Tシャツ姿では少し見劣りがする。おそるおそる運動具店に行き、とりあえずニッカーボッカを購入した。これでなんとかカッコがついたような気分になる。

4 木曽駒ヶ岳

2956・1m　長野県

夜行列車で飯田線駒ケ根駅に着いた。一番のバスまで時間があり、待つしかない。ロープウェイも始発便で上がる。

千畳敷カールはすり鉢の底にいるみたいで、宝剣岳（ほうけん）などがかぶさってきそうだ。南アルプス・農鳥岳（のうとり）と塩見岳との間に富士山が見えた。逆光のため、景色は淡い水彩画のようだ。

木曽駒へ登るだけなら時間に余裕があり、突如気持ちが飛躍し始め、宝剣岳を経由することにする。

稜線まではひたすら高度をかせぐしかない。途中でウサギギクを見る。色や形がタンポポに似ていて親しみやすい。前後に登山者が多く、安心感をもつ。尾根に出ると、空木岳（うつぎ）、御嶽などが見えた。

宝剣岳へのルートでは、けっしてほかのパーティの前に出なかった。パーティより先に出ると、登山技術をもたないことで迷惑をかけたり、失笑の的になることを恐れたからだ。

朝日のあたらない岩はひんやり冷たい。手をかけて、ロッククライミングのまねごとを味わいながら進む。鎖、針金などにつかまる。手を離さないかぎりは大丈夫だと、自分のなかで念を押す。

なんとか宝剣岳の頂上に着く。おそるおそるはうようにして、岩の上からカールを見下ろす。

④木曽駒ヶ岳

1975年8月13日

駒ケ根駅＝しらび平＝千畳敷－極楽平－宝剣岳－木曽駒ヶ岳－濃ヶ池－将棊頭山－桂小場＝伊那市駅

木曽駒までは楽な気分で進む。しかし、なぜか足が重い。思うように膝(ひざ)が上がらないのは夜行列車の疲れか、高山のためか……。炎天下の砂礫の上を一歩一歩踏みしめて、ゆっくりゆっくり足を運ぶ。じれったいほどだ。

山頂の神社前で記念撮影する。この先で不測の事態があるかもしれないことを考え、早めに下ることにする。

馬ノ背付近で霧が上昇してきて、不気味さが漂い始める。寄り道をし、濃(のう)ヶ池まで下りる。二人の子どもを連れた夫婦に会う。子どもは三歳と五歳だという。もし雷雨にでも遭ったらどうするのだろうと心配になる。

宝剣岳から木曽駒ヶ岳（奥）を望む。宝剣山荘（右下）から広い尾根を歩く

濃ヶ池は静かで、霧の底に灰色の湖面があった。火口壁が視界いっぱいに立ちはだかる。上方には霧が巻き、それが下方を襲うかのようにうごめいている。気分が暗くなる。

将棊頭山（しょうぎがしら）の近くに聖職ノ碑（いしぶみ）・遭難碑があった。一瞬、ビクッとなり、緊張した。

桂小場（かつらこば）まではおだやかな樹林のなかの道となり、高い山の危険から解放されたようで気持ちが落ち着く。もう大丈夫、と鼻歌まじりとなる。

桂小場でバスを待つ間、はだしになり沢の水にさらす。初めてはいたニッカーホースで足が窮屈だったが、一気にスカッとする。

流れの底に小さく金色に光るものが見えた。金ではないかと思い、そっと手でつまみあげる。その〝金〟は、一、二ミリ四方で厚さはほとんどない。どうも金ではないらしい。紙に包んで持ち帰る。あとで雲母(うんも)と判明。いまだに捨てずに引き出しにしまってある。

新調のニッカーボッカが恥ずかしく感じられ、帰京後すぐ洗濯した。いくらかは年季がはいったように見えるかと期待したが、ほとんど効果がなく、落胆した。

5 大菩薩嶺

2056・9m　山梨県

会社の仲間で大菩薩嶺へ行こうという話が持ちあがり、事前に下見をかねて単独で登る。

大菩薩登山口（裂石(さけいし)）から広い道を歩く。同じバスで来た登山者のかたまりが、後になり先になりながら動きだす。

青々とした樹林のなか、ときどき塩山方面が開けて展望がきく。上日川峠で一服する。広い駐車場まで車で来た人を見て、歩いてきた自分にガックリする。

山頂は樹林に囲まれて眺望はない。稜線を大菩薩峠に向かう。なだらかな草の斜面が右手にひろがり、心が晴れる。富士山も見える。

右手の斜面を次第に霧がはいあがってきたが、登山道は明確で安心する。

介山荘でひと休みし、丹波方面へ下ることにする。たんたんとした山道がつづく。静かな道だ。途中、道のまんなかでコッヘルのお湯をわかしている人を抜いた。通行人がいなくて、安心して〝店〟を開いていたようだ。

丹波の手前から樹間越しに集落が見えた。丹波川を渡り、バス停のある道路まで登る。ベンチで靴下を脱ぎ、足を空気にあてる。指の間の毛クズなどをとり、足の指を動かしてみる。登山靴の中でむれていた足をのびのびさせる。

⑤大菩薩嶺
1975年8月30日
塩山駅＝大菩薩登山口（裂石）－上日川峠－大菩薩嶺－大菩薩峠－丹波＝奥多摩駅

□

このころの私は、「山」と聞けば「遭難」という言葉がはねかえってくるほど、この二語が強く結びついていた。しかも冬山ということになれば、私にとっては死と直結する領域だった。

ところが、思いがけず冬山を経験することになった。カメラマンY氏が、「一月の赤岳に行きませんか」と誘ってきたのだ。

一瞬どぎまぎしたものの、計画内容を聞いているうちに、行ってみようかなという気になってきた。自分にとってはこういうチャンスはめったにあるものではない、と思ったのも心を動かされた理由のひとつだった。

メンバーは、Y氏と女性二人、それに私の計四人。女性二人とも冬山経験は浅いと聞き、親しみを覚える。

夜中に車で東京を出発した。

中央本線富士見駅前で仮眠したのち、美濃戸口まで入る。

その日は赤岳鉱泉で幕営する。登山靴が凍らないように寝袋の中に入れて寝る。明け方、氷点下二十五度になったことを知る。朝、テントの外へ出ると、鼻毛が凍るのか、鼻を動かしてみると鼻の中がシャキシャキする。

まず行者小屋へ向かう。積雪は三十センチ前後あったが、踏み跡がしっかりついていて、歩きやすい。休憩のとき、屁をすると、ニッカーボッカの尻のあたりにしばらくの間、ぬくもりの余韻が残った。なにかのんびりした気分になり、ひとり笑う。

中岳との分岐までは朝日があたらず、冷えた日陰を歩く。阿弥陀岳（あみだ）がまっ白に輝いている。

稜線に出ると風が強くなった。烈風が地面の雪を巻きあげて、瞬間的に景色が白色になる。薄目をあけて、白い嵐をのぞき見る。

頂上手前の岩場にさしかかる。ロープが見えたので手でつかもうとしたら、それは二人パーティのザイルだった。

頂上に着く。日だまりの雪を掘って、風よけの穴をつくる。四人で日なたぼっこする。風にさえあたらなければおだやかで、次第にポカポカしてくる。岩場を登ってきた人たちが、腰のカラビナ（登攀用具の一種で、鋼鉄製の輪）などをジャラジャラいわせながら歩く。逆光気味の富士山が墨絵のように見えた。

赤岳鉱泉への下りで、初の尻セードをする。よく滑る。

テント撤収後、はればれとした気分で下山した。ともかく無事帰京。一気に冬山を経験した自分に驚く。

⑥ 至仏山

2228m　群馬県

カメラマンY氏と鳩待峠から入山する。

木々の間の道には残雪が多かった。やがて森林帯を抜け、雪原の腹を巻く。ザラメの雪で、ステップがキチッときまらない。谷側へズルッと滑りそうになる。体勢を立て直すたびにエネルギーをロスする。尾瀬ヶ原が下方にひろがる。

山頂方向から軽装（登山姿ではなく、街着）の女性が下ってくる。手にスケッチブックを持っている。靴はスニーカーで、完全にぬれている。冷たくないのか、滑りはしないのか。

小至仏に登ると雪はなく、歩きやすい。土をなつかしくさえ思う。至仏山への道標を見た人が、「至る仏山か……」とつぶやき、仲間と笑いあう。

至仏山からは尾瀬ヶ原が箱庭のように見えた。手前は山ノ鼻で、小屋の屋根が寄り集まっている。木道が延び、燧ヶ岳へつづいている。尾瀬ヶ原は、左手の景鶴山、右手のアヤメ平などに囲まれて外部と遮断され、サラダボウルのような地形だ。かつては全体が湖だったという。湖底を歩く現代の登山者たち。

至仏山からの下り（現在は登り専用道）はやっかいだった。滑りやすい。斜面の残雪にかかとをきかせて下降する。登山道か細い沢かわからないような下りになる。ゴロゴロした岩がぬれていて、岩肌に登山靴の底がピタッと吸いつかない。足をのせたつもりがツルッと滑る。数回、尻もちをつく。疲れた足がガクガクして力がはいらない。足ののせ方がぞんざいになり、微妙なコントロールができない。尻もちの連続で、ニッカーボッカの尻が泥水でぬれ、ボテッと重い。足どりも重い。山ノ鼻はすぐそこのはずなのになかなか着かない。

幕営の人たちの声が聞こえ始め、ようやくたどり着いた。クタクタであった。

翌日はまず竜宮小屋まで歩く。尾瀬の象徴のようなミズバショウが多い。リュウキンカの黄色、かれんなヒメシャクナゲ、タテヤマリンドウなどが咲いていた。竜宮小屋のそばで、ザゼンソウを見る。

⑥至仏山
1976年5月29～30日
鳩待峠－至仏山－山ノ鼻⛺－竜宮小屋－富士見小屋－アヤメ平－鳩待峠

富士見平までは残雪の個所があり、手こずる。Y氏の足は速い。彼は遠くで立ちどまり、こちらを振り返っている。こちらはどうも遅れがちになる。追いつこうとして急ぐと息たえだえになる。自分のペースで歩くしかない。

富士見平は霧のなかだった。富士見小屋（二〇一五年に閉館）では東京のテレビ放送が鮮明に受信されていて驚く。

荒れたアヤメ平は田んぼのぬかるみのようだ。疲れはてて鳩待峠にたどり着いた。車中から新緑を楽しみながら車道を下った。

7 富士山

3776m　山梨・静岡県

この時点で、登山を始めて十数回ぐらい山行を経験した。冬、東京近郊の扇山、石割山、三頭山などからいつものように見えた富士山が気になっていた。

話のタネにと富士山に登りたい気持ちが高まってきた。夏なら登山の心得がなくてもだれにでも登れるような気がして、安心感を抱かせる。

七月、山開き直後に出かけた。

スバルラインの終点、五合目付近から南アルプス、八ヶ岳、槍・穂高などがよく見えた。

六合目の手前から雲ゆきがあやしくなり、六合目小屋あたりでポツリポツリくる。山頂部は霧におおわれて隠れている。

誤って六合目小屋の右手を進み、吉田大沢の砂走りへ足を踏み入れる（一九八〇年に落石事故があり、ルート廃止）。ステップを踏むたびにズルーッと滑る。この繰り返しが山頂までつづくのかと思うと、ゾッとする。なにしろ、赤黒い石炭ガラのような道を登りつづけると聞いていたから……。しかし、途中から通常の登山道に戻ることができ、ホッとする。下り専用ルートを登っていたことに気づいた。

雨具をつけるほどの雨ではないが、暗い気持ちで歩く。つぎつぎに小屋が現われる。中に入らず、軒先で軽く間食をとる。雨が多くなり、雨具をつける。

九合目を越すころ、足が重くなった。頂上部がすぐそこに

⑦富士山
1976年7月2〜3日

河口湖駅＝富士スバルライン五合目－吉田口六合目－富士山－八合目🏠－頂上往復－富士スバルライン五合目＝河口湖駅

見えているのに、なかなか近づけない。ちょっと歩いては長く休む、の繰り返しで歩行がはかどらず、イライラする。最後の石段の登りをつめて、久須志神社にようやく到着した。濃い霧のなか、展望は期待できなかったが、ぜひともお鉢めぐりをと思い、さらに火口壁の縁を歩く。登山者の姿はなかった。灰色の霧のなかを夢遊病者のように歩く。

日本最高所の標識を見る。富士山測候所の近辺でルートがわからなくなり、残雪の斜面を巻こうとした。不意にステップがきかなくなり、スリップする。すぐ止まると思ったが、逆にスピードが出て、自分の体をコントロールできない。自分が自分でなくなったようだ。どこかへ吸いこまれていくような感覚になる。いったいどこまで滑ることやら……。ひょっとして噴火口の底まで、などと頭をよぎるが、ほどなく窪みで動かなくなった。大きなため息をつく。ナイロン製雨具をつけていたせいでよく滑った。今後は気をつけよう。

周囲は相変わらずの霧だ。どんよりした灰色の景色のなかをさまようように歩く。もとの地点に戻り、お鉢めぐりを終える。時刻は四時を過ぎている。このまま五合目まで下ればバスにまにあうかどうか。急いでつまらぬケガをしてもおもしろくない。自分のペースで下るしかない。

ハーハーいいながら登った同じコースをスイスイ下る。八合目の小屋前を通過するとき、小屋の中から笑い声が聞こえ、軒下からふと内部をのぞき見る。

明かりがつき、いろりの周りで談笑する登山者とハッピ姿の小屋番たち。私はまだ山小屋に泊まったことがなく、手続きの方法も知らない。このまま予定どおり下ろうか。しかし、宿泊客を見るとふつうの人っぽい服装の人が何人かいる。どうなるかしらないが、宿泊を申し込んでみよう。

小屋番に申し出ると、いとも簡単にOKされた。寝る場所、消灯時刻などを手慣れた口調で説明してくれるが、一度に言われても面くらう。

雨具を脱ぎ、重くなった靴を脱ぎ、上がりこむ。シャツまでぬれていたので寒い。薄手のセーターを着る。用心のためにセーターを持参していたのは正解だった。

いろりの火で暖をとる。食事をとる気にもなれないほど疲れている。頭のシンがズキズキする。高山病だろうか。小屋番の話だと、山開きで小屋に入っても二週間ぐらいは体の調子がよくないという。山慣れた彼らでさえそうなのだから、まして、五合目までバスで来ていきなり登ったら、やはりムリだと納得する。

固型燃料で食事をつくるグループがいたが、窓をしめきっているので燃焼ガスが目にしみる。

遅れて到着した登山者が二人、遠慮がちに入ってきた。ぎこちない日本語をしゃべっている。寒さで口がかじかんでいるのかと思ったら、アメリカのシアトルから来た日系三世だという。いろりの周りでカタコトの英語で話す。

汗でぬれたシャツの上にセーターを着たままふとんに入る。かけぶとんが重い。まくらは硬い。

初めての小屋泊まりの夜だったが、疲れのせいか、知らない間に眠りにおちていた。

ご来光を小屋の前で迎える。快晴だ。下に雲海がひろがる。輝く雲の原が銀色に光り、目が痛い。砂礫に陽があたる。赤茶けた山肌と残雪の白さの対比が目をひく。日系三世の二人に誘われ、もう一度頂上に向かう。昨日と違い、山頂部までよく見える。白人の姿が目につく。横須賀あたりの米軍の人たちらしい。

山頂はにぎやかだ。息もたえだえで横たわっている人がいる。オカに打ちあげられたサメのようだ。軽い高山病にかかっているのかもしれない。

日陰は寒く、ゾクッとくる。石垣の陰で風をよける。風にさえあたらなければなんということはない。セーターを着る。

火口をはさんで富士山レーダー（一九九九年運用終了）がよく見える。火口をのぞく。

吉田口登山道を登りつめると久須志神社に着く。久須志岳付近からの雲海

深い。首はのばすが、腰のほうは後ずさりする。しばし山頂で休む。雲海がはるか遠くまでつづいている。

下山はスムーズで、八合目付近からは砂走りコースをかけ下りる。砂だらけだ。スパッツがなく靴の中に砂が入るが、頓着しないでそのまま下る。快適だ。こんなに砂をズリ落として、山の形が変わらないものかと心配になる。毎日、毎年、大勢の人が通過するのだから、移動する砂の量は大変なものだと思う。

五合目に着く。

都心のホテルまで行く日系三世たちのバスを見送り、河口湖経由で帰京した。

8 北岳 9 間ノ岳

〈北岳〉3193m 山梨県 〈間ノ岳〉3189・5m 山梨・静岡県

富士山につぐ第二の高峰、南アルプス・北岳に登る。『東京周辺ハイキングガイド』などにも掲載されているぐらいだから、それほどの重装備でなくても大丈夫そうだ。山小屋に泊まることは富士山で経験したので、なんとなく心強い。ナップザックに間食、雨具、セーター、カメラ、ポリタンクなどを詰め、軽装で出かけた。食事はすべて小屋でとることにする。

甲府駅前で、単独行のS氏とタクシーに相乗りした。広河原(ひろがわら)に着いたあとも歩行ペースが同じで、休憩も一緒にとる。S氏はガスコンロで手際よくお湯をわかし、コーヒーをごちそうしてくれる。私はまだガスコンロを購入していなかった。ガスコンロの簡便さを知り、帰京したら買おうと思った。S氏の行動はテキパキして、山慣れている。

八本歯のコルまで長い登りがつづくが、雪渓の水が飲めるので助かる。見上げると、北岳のバットレスがおおいかぶさるようにそそり立っている。岩登りをしている人が点になって見える。ときおり、彼らのやりとりの声がこだましてくる。

八本歯のコルでようやく遠望がきく。富士山が雲海の上に浮かんでいた。約一カ月前にあの斜面をあえぎあえぎ登り、お鉢めぐりを果たしたのだと感慨にふける。甲斐駒ヶ岳の右に八ヶ岳が見える。体を百八十度ねじると、間ノ岳がどっかと構えている。

北岳の頂上までは、ハシゴなどの設置された岩の上を通過する。高山帯の景色だ。

北岳頂上は、バットレスの威容を見て想像していたより狭く、細長くて肉厚ではない。太陽の光がさえぎられることなく照り、S氏の顔や腕が赤く日焼けしている。S氏は甲斐駒、仙丈方面を凝視したまま、「どっしりしている」ともらす。こちらは、甲斐駒、仙丈の区別がとっさにつかなくて、ただうなずくだけにする。

遠くに木曽駒、御嶽、乗鞍、槍・穂高が見える。間ノ岳の右肩に半円形の塩見岳がのぞいている。

時間に余裕があるが、山頂は暑すぎるので稜線小屋（現北岳山荘）へ向かう。

小屋へ着くなりビールを飲む。爽快。

⑧北岳
⑨間ノ岳
1976年7月31日～8月2日
甲府駅＝広河原－大樺沢－八本歯のコル－北岳－稜線小屋⌂－間ノ岳－農鳥岳－大門沢－奈良田⌂＝身延駅

小屋は天水利用で、たくさんのドラム缶が並んでいる。トイレ後の女性がドラム缶の天水に手をつけて洗い、小屋番がカンカンになって怒っていた。

S氏は、この小屋で肩ノ小屋からの仲間とおちあう約束があり、登山者が着くたびに入口に目を走らせる。そのうち、二人の若い女性が現われ、女性のほうから「あっ、主任！」と声をかけた。どうも職場の上司と部下らしい。二人は肩ノ小屋を今朝出て、のんびり歩いてきたという。

夕方になっても続々と登山者が到着し、ついに小屋は満杯となる。窮余の策として、遅れてきた人は小屋の軒下に寝かされる。並んだ人の上にテント地をかけるだけの処置だ。小屋の外も大変だが、小屋の中も超満員で暑く、寝苦しい。夜中に上着を脱ぐ人や水を飲む人がゴソゴソ動く。寝返りはほとんど打てない。夜半から外の風が強くなり、軒下組のテント地をバタバタさせる。中も外も忍耐とがまん。

やっと朝がきた。淡いピンクの空をバックに紫色の富士山が浮かんでいた。今日は、日の出前に行動を開始する。朝の空気は冷たい。中白峰（なかしらね）までゆっくり登る。四人パーティだ。岩の陰はひんやりする。天候は今日もよく、中白峰では日ざしが強かった。槍・穂高の右手に、鹿島槍、白馬（しろうま）三山（白馬岳、杓子（しゃくし）岳、白馬鑓（やり）ヶ岳）が走っている。

間ノ岳の近くで見つけた残雪をかきとり、女性たちがアズキ氷をつくった。

間ノ岳の山頂部は広い。山自体の根張りもあり、頼もしい風格をもっている。背骨の太さを感じさせる。塩見岳方面の尾根が長くつづく。その南部に荒川三山（荒川前岳、荒川中岳、悪沢岳）、そしてわずかに赤石岳が見える。また、農鳥岳は間近に見え、これまた大きさを主張している。さて北岳はと振り返ると、尖塔のように天を突いている。ボリュームの点で間ノ岳に劣るが、ぜい肉をそぎ落として精悍な姿だ。

西農鳥岳、農鳥岳へと稜線をたどる。間ノ岳の図体が大きく、カメラのファインダーにおさまらない。

農鳥岳からは、太った間ノ岳の右にピラミダルな北岳が遠慮がちに並ぶ。

大門沢への下降点では真正面に富士山を見る。シェービングクリームのような白い雲が山体のところどころにくっつき始めていた。大門沢の小屋に泊まるつもりでいたが、沢水の音がうるさそうだという理由に加えて、ビン入りのビールを飲みたいという意見が女性側から出て、一気に下ることにした。

奈良田温泉の宿では存分にくつろいだ。足の筋肉痛が相当なもので、二階との上り降りは手すりにつかまる始末だった。風呂場は、洗髪した登山者の抜け毛で排水口が詰まっていて、洗い場は水（湯？）びたし状態となり、まるで湯船が二段になっているようだった。

集落の前は道路をはさんでダムになっていて、静かな水面が気分をしずめてくれた。ゴムのゾウリを買い、涼しいスタイルで帰京した。

⑩槍ヶ岳 ⑪常念岳

〈槍ヶ岳〉3180m 長野・岐阜県 〈常念岳〉2857m 長野県

勤務先の大阪本社の山好き人間四人が、北アルプス・雲ノ平へ出かけるという。これはチャンスとばかり仲間に入れてもらうことにした。槍ヶ岳、常念(じょうねん)岳に登れるかもしれない。上野から夜行列車に乗り、富山駅でおちあった。

富山地鉄に乗り、有峰(ありみね)口に着く。そこからギュウギュウづめのバスで折立(おりたて)へ向かう。乗客はほとんど夜行の疲れで、トロ箱に詰められた生気のない魚のように目的地へ運ばれる。

太郎兵衛平の手前で雨に降られ、小屋で雨宿りした。

薬師沢小屋までに何回か徒渉を繰り返す。冷たい水に思いきり足を入れる。水から上がって歩いているうちに靴の中の水があたたかくなってくる。徒渉するたびに冷たい水が入り、ぬくもりがなつかしくなる。

薬師沢小屋の手前の左俣で沢が増水していた。一瞬のことだったらしく、ひとつのパーティが流れをはさんで分断されている。ザイルを渡し、ひとりが足場を確かめながら赤茶けた濁流のなかを進むが、途中で転倒した。濁流にのまれ、ザイルがくの字形に引っ張られる。「アーッ」と叫んだ人たちがザイルにかけ寄るが、そのうちのひとりが足を滑らせて濁流に落ちる。かろうじて握っていたザイルをたぐりよせて、やっとの思いではいあがる。初めの転倒者は水の中にもぐりこむ。周囲の人がザイルに手をかけて、引っ張ろうとする。ザイルを確保していた人がそれに驚き、「引っ張ってはイカン。ザイルをゆるめろ」と声を荒らげる。気の動転した人たちはつい力を入れてしまう。緊迫の連続だ。

⑩槍ヶ岳
⑪常念岳
1976年8月13〜18日

富山駅＝有峰口駅＝折立－太郎兵衛平－薬師沢小屋⌂－雲ノ平山荘⌂－黒部源流－三俣山荘－双六小屋⌂－樅沢岳－槍岳山荘⌂－槍ヶ岳往復－ヒュッテ西岳－大天井ヒュッテ⌂－喜作レリーフ－常念岳－蝶ヶ岳－長塀山－徳沢－上高地＝松本駅

ザイルをゆるめることで転倒した人は自由がとれ、沢の流れの中心から岸のほうに押し寄せられ、ことなきを得た。

緊張が過ぎ去り、あらためて濁流の音が耳に入ってきた。これら一部始終を見ていた人たちは恐れをなして渡ろうとしない。冷たい雨に首をすくめ、腕組みして歯をガチガチいわせている人もいる。いまさら、来た道を引き返すこともできず、一同のなかからは、「ここでビバークか」の声も出始める。

濁った流れの轟音のなかで、しばしたたずむ。ところが、なんのはずみか、急に水が引き始め、底の石が見えてきた。雨は降りやまないのに、なぜ水量が減ってきたのかをいぶかしく思いながらも、水流に注目する。ほどなく飛び石伝いに渡れる状態になり、全員通過。安堵のため息をついたことだった。

薬師沢小屋では乾燥室で暖をとる。

次の日も雨。予備の靴下を使用せずに温存し、昨日ぬれた靴下をはく。冷たい。靴のヒモを締めると冷たさは気にならなくなった。薬師沢の水は清く澄んでいる。雨のなかを歩く。雲ノ平山荘泊。

次の日も雨。黒部源流、三俣山荘を通過し、双六小屋まで移動する。ここで大阪組と別れてひとりになる。

薬師沢左俣。増水のため登山者が足止めされた。試しに渡ろうとする人たち

翌日、天気がよさそうなので槍ヶ岳に向かう。霧のなかを歩くが、樅沢岳あたりでは薄日がさす。しかし、槍ヶ岳まで遠望はきかず、黒っぽい岩の道を暗い気分でひたすら歩く。途中、雷鳥を見る。

槍ヶ岳の肩に荷物を置き、山頂へ登る。岩場となり、奥秩父・乾徳山の山頂付近を思い出す。山頂は狭く、何人かがいたが、場所を移動するとき、腰を低くして行き交う。ころげ落ちたら大変だ。

槍ヶ岳山荘へ下り、大天井岳方面へと向かう。

西岳を越えたあたりで夕立に遭う。あっというまのことで、雨具を取り出す間にかなりぬれてしまう。薬師沢でのぬれがようやく乾いていたのに……。

大天井ヒュッテに泊まる。ストーブの周りでぬれた軍手やロールペーパーを乾かす。寒い。

朝方、霧の切れ間から一点だけ輝くものが見えた。北穂高小屋の窓に太陽が反射していたのだった。

大天井岳を巻き、燕(つばくろ)岳方面からの道と合し、大天井岳の頂上付近を通過する。槍・穂高の晴れ姿が目に飛びこんでくる。ほぼ快晴だ。富士山が霞のなかにボーッと浮かんでいた。

常念岳への道は一度下り、鞍部の小屋前を通る。頂上への道は岩の上を行く。樹木はなく、岩だけの山肌。靴底を通して硬い岩がカチッと伝わってくる。

山頂も岩ばかり。腰かけやすい場所を探す。槍・穂高方面がさえぎるものなく見える。写真でしか見たことのなかった大観が目の前にひろがっている。涸沢(からさわ)も見える。涸沢には残雪がところどころに残っている。大キレットは聞きしに勝るとおり、相当切れ落ちている。

大切に運んできたトマトを一個食べ、蝶ヶ岳へ向かう。槍・穂高を眺めるには少し振り向き加減に歩くコースとなるが、好天気の稜線歩きに大満足した。

蝶ヶ岳近くで明るい霧に巻かれ始める。徳沢に下り、梓川の水をゴクゴク飲む。うまい。あとで聞くと、この流れには大腸菌がウヨウヨしているとのこと。まずい。

それまで、上高地へは観光客として訪れたことはあったが、河童橋の奥はいかつい姿の登山者だけの世界と思っていた。その境界線を越境し、観光客の群れのなかに混じっていく。鉄棒で、初めて逆上がりができたときのような快感を味わう。

⑫ 御嶽山

3067m（剣ヶ峰） 長野・岐阜県

季節は秋になったが、山へ登りたい気持ちが高まり、ガイドブックを調べる。八ヶ岳から見えた台形の御嶽山を思い出し、登高欲をそそられる。東京方面から木曽福島駅までは鉄道の連絡が悪く、夜行列車を乗り継ぐ。

夜中に走る列車はどこかさびしい雰囲気がただよう。踏切を通過するとき、警報器

⑫御嶽山

1976年9月5日

木曽福島駅＝田ノ原－御嶽山－火口縁めぐり－田ノ原＝木曽福島駅

がカーンカーンと鳴っている。乗換駅で、交換の機関車がピーッと警笛を夜空に放つ。

木曽福島からタクシー相乗りで田ノ原に着く。駐車場からは登山道を行く人の灯が数珠（じゅず）のように見える。

清澄な空気のなかを歩き始める。九月初めともなると、七、八月とはどこか空気の肌ざわりが違う。

八合目でハイマツの間からご来光を拝む。ハイマツが朝の光を得て赤味をおび、そして黄色味に変わり、本来の濃い緑色に落ち着いた。

中央アルプスや塩見、荒川三山、赤石、聖（ひじり）などの南アルプスが重なり、その向こうに富士山の頭部がのぞいている。

山頂まで、信仰心の厚さを物語る祠（ほこら）や像などを多く見かける。山頂には大きな祠が祀（まつ）られており、記念撮影する。風が冷たく、ウインドブレーカーを着る。展望がよく、二ノ池の青い湖面のかなたに乗鞍岳、穂高岳、槍ヶ岳などが並ぶ。白山や円頂丘の恵那山も見える。

山頂から見下ろす火口湖はコバルト色で、茶色の火山地形のなかに際立っていて、瞳のようにうるおいをたたえている。その光景に魅せられ、火口縁めぐりをする。山頂部を時計回りに歩く。歩くにつれ角度が変わり、火口湖の水面がキラキラ光る。澄んだ空気のなかで、輝くものに目がくらみながら、しばしわれを忘れる。出会う登山者も少なく、自分だけの山頂めぐりを楽しむ。
ぐるっとひとめぐりして、往路を引き返した。

⑬蓼科山

2530・7m 長野県

ピラタスロープウェイ（現在は北八ヶ岳ロープウェイに改称）の山頂駅付近からは、南アルプス、御嶽、乗鞍、穂高の一部が視界に入る。縞枯山（しまがれ）に向かう。縞枯山から浅間山が望めた。

三ツ岳から横岳に登る。途中、三ツ岳で道に迷い、朝露のなかを草を分けて登り返し、綿のズボンがぐしょぬれになる。生地が素肌にペッタリくっつき、冷たい。さい

⑬蓼科山

1976年9月15日

茅野駅＝ピラタスロープウェイ山麓駅＝山頂駅－坪庭－横岳－大岳－双子池－大河原峠－蓼科山－女神茶屋（蓼科山登山口）

わいにもズボンは歩いているうちに乾いた。

双子山の手前、大岳付近でまた道を失う。樹林のなかを下る。あまりの急斜面になり、おかしいとは思いつつ、かすかな踏み跡らしいものにひかれ、そのまま進む。すこし引き返したりもしたが、前へ進む気持ちのほうが強い。そのうち、間違いが決定的となり、もとの場所までかけ上がる。

右に行くべきところを左に入ってしまったわけだが、もう一度見直すと、正規の登山道は踏み固められ、その違いは歴然としていた。霧などで見通しが悪かったわけでもないのに、なぜこんなケモノ道のようなほうへ踏みこんだのか不思議で仕方がなかった。

双子池は静まりかえっていた。

大河原峠には車道が走り、なにかあっけない。マツムシソウの花を見る。

途中、稜線の下方に縞枯れ現象（樹木が帯状に立ち枯れた状態）が見えた。

蓼科山山頂に飛び出し、びっくりした。平らな山頂部に大きな岩がごろごろしている。こんな山頂は見たことがない。中央部を通り抜けて、白樺湖の見えるところまで進む。八子ヶ峰、車山、自動車道路などが眼下にひろがる。腰をおろし、眺める。

秋の風が肌寒く感じられ、下山にとりかかる。女神（めのかみ）茶屋方面は眼下だし、そのまま下ればいいのではないかと踏みこんでみるが、道らしいものが見つからない。このあたりにあるハズだと位置を変えて二、三回下ってみる。岩の上に踏み跡はなく、とがった岩の出っぱりが靴底にあたる。また頂上に戻る。あせりが出てくる。眺めまわすが、それらしいものは見えない。ため息をつき、念のため初めに登り着いた場所の小屋まで戻る。

「あった、あった」

思わず口に出る。ちゃんと矢印がある。指導標を見つけたときのあっけなさ。なにもあんなにあせることはなかったのだ。明瞭な道に安心する。

女神茶屋の手前で深いクマザサの道となり、首から下は笹（ささ）の海にもぐったまま歩く。ザザーザザー。クマザサと体とがこすれる音がしてうるさい。

ようやく車道に出る。女神茶屋でジュース

蓼科山の山頂部。岩がごろごろしていて異様な景観がひろがる。中央部に祠を祀るを飲んでいたら、蓼科温泉方面へ帰る店の人が、もう少し待てば送ってあげると言ってくれる。遠慮せずに便乗する。蓼科温泉のバス停に着いたときは日はとっぷり暮れて、空はまっ暗だった。

⑭奥穂高岳

3190m　長野・岐阜県

夏、大天井岳、常念岳から見た槍・穂高間の大キレットが印象的で、自分にもなんとか歩けないものかとガイドブックを調べる。地図に記された〝難路〟の二文字が緊張感を高める。時間を余分にかければどうにかなるのではないかと勝手な考えをする。

上高地では、澄みきった空気のなかで新雪の穂高連峰が朝日を浴びていた。斜光線で山ひだが明瞭だ。二日後にはあの稜線を歩いているはずだ。気分が高まる。

上高地から槍沢経由で槍ヶ岳に登り、まず槍ヶ岳山荘で一泊する予定だ。夜行列車を利用したためか、足が重くて、槍沢の途中で何回も休む。けだるくて、頭のなかにモヤがかかったようだ。上方は霧でけぶっている。クマでも出てきそうな気配だ。

何回か休んだが、どうも眠い。岩クズの上につけられた電光型の道を進む。歩幅が小さくなり、高度がいっこうにはかどらない。岩に腰かけて、膝をかかえるようにうずくまる。少し眠ったようだ。

ふと気がつくと、肩にパラパラした雪が積もって白くなっている。周囲の岩も白い。「これはイカン」と雪を払い落とし、すっくと立ち、歩き始める。岩が雪をかぶってしまうと道を見失うことになるかもしれない、と不安になる。二十分もしないうちに槍ヶ岳山荘に着く。

朝、槍ヶ岳の山頂へ向かう。岩肌が冷たい。空気も冷えているが、緊張感もあり、肌がこわばる。武者ぶるいがおこる。

山頂から影槍を見る。槍沢に降った昨日の新雪が日の出で赤く染まる。日ざしが強くなり、雪が解け、濃い茶色の岩肌を見せる。雪そのものの白、朝日の赤、そして岩その

⑭奥穂高岳
1976年9月23～25日
松本駅＝上高地－槍沢－槍ヶ岳山荘🏠－槍ヶ岳往復－大喰岳－大キレット－北穂高岳－涸沢岳－穂高岳山荘🏠－奥穂高岳－前穂高岳－岳沢－上高地＝松本駅

もの色と、またたくまに三つの姿を見せてくれた。笠ヶ岳と双六岳との間に影槍が延びている。

大キレットの日陰には雪が凍りつき、危なかったが、あわてないことを心がけて進んだ。途中、滝谷の絶壁を見る。目をこらすと、豆粒のような登攀者が岩にへばりついている。上高地までのバスで横にすわったW氏と岩の上で再会した。W氏は涸沢、槍ヶ岳の順に逆回りしたので、どこかで会うはずであった。

大キレットでは、夏の最盛期には行き交う人を一方通行でさばくそうだが、今回は思いのままに通過できる。北穂高岳の手前が急斜面になっていて、少し緊張。登り着いた北穂高岳の山頂には大勢の人が憩っていた。

穂高岳山荘で一泊する。夜遅く、奥穂から下ってくるグループが小屋の直前で立ち往生しているとのことで、小屋の人たちがザイルを持って救助に行く。岩場の雪が凍り、下れなかったらしい。私は明日そこを登ることになるのだが……。

朝、空を見る。今日も天気はよい。急斜面の岩場も無事通過する。岩は冷たい。ウールの手袋を用意してよかった。

奥穂高岳は岩の上にある。展望はすこぶるよい。槍ヶ岳、焼岳、乗鞍、御嶽などが見わたせる。ジャンダルムは黒いかたまりでゴツゴツしている。

前穂高岳からの眺めもよかった。

重太郎新道を下り、岳沢経由で上高地に戻る。穂高連峰を振り返ると、稜線には雲がまとわりついていた。

⑮瑞牆山 ⑯金峰山

〈瑞牆山〉2230m 山梨県 〈金峰山〉2599m 山梨・長野県

登山にとりつかれたようだ。天気の悪い日にはガイドブックを広げて、あれこれプランを考えることが多くなっていた。本格的な冬が来る前に、二千メートルを超す山に登ろうと思い、奥秩父に目をつける。

増富温泉から歩く。車道は単調で退屈する。里宮坂の見晴台で、瑞牆山が眼前にひろがった。手前の木々が紅葉し、その間から岩峰が見える。岩のお城のような構えだ。花崗岩の白い岩肌が聳立し、気品を感じさせる。とげとげしい容貌ではなく、静けさ

⑮瑞牆山
⑯金峰山

1976年10月10～11日

韮崎駅＝増富温泉－金山平－富士見平－瑞牆山－富士見平－大日小屋⌂－金峰山－金山平－増富温泉＝韮崎駅

とやさしさをたたえている。常緑樹がうるおいを与えている。

富士見平小屋の前で右に金峰（きんぷ）山へのルートを見送って左へ向かう。樹林のなかを行く。カラマツが黄葉し始めている。

瑞牆山の頂上は岩の上だ。立ったままでは不安定で、手をつきながらあちこちに移動する。眼下の景色は樹林が豊かで、奥深いムードをかもしている。

富士見平に戻る。金峰山に近づいておくために、大日（だいにち）小屋に向かう。素泊まりだけの小屋ということを確認していなくて失敗した。手持ちの間食のみで食事をすませる。小屋の中は薄暗く、壁の色、毛布の色などがどことなくくすんでいる。年月のためか、ススのためか。

私の二、三人先には、ご老体の男性と中学生ぐらいの孫娘と思われる連れがいた。二人は、今日のうちに金峰を往復してくると言い残して出ていった。

宿泊客がつぎつぎ到着し、すし詰め状態になってくる。金峰へ行った二人のスペースが次第に狭められる。薄暗くなったころ、二人が戻ってきたが、狭くなった自分たちの空間を見て、黙ったまま。しばし途方にくれていたが、越境していた人たちが彼らに気づき、どうやらスペースを回復することができた。

暗いなかで腹がすき始め、クークーと鳴いている。隣の人に聞かれてはいないだろうかと気になる。登山者同士、接近して寝ているせいか寒くはないが、寝返りを打つことができない。

目を開いてみるが、暗い空間だけだ。すすけた小屋の闇のなかでは何も見えない。夜中に何度も時計を見る。三十分か一時間ごとに目がさえる。朝までは長かった。

明るくなるのを待ちかねて、小屋前の水で顔を洗い、出発にそなえた。

大日小屋からの登りは樹林のなかを進む。

千代ノ吹上（ふきあげ）あたりになると景色が変わり、森林限界の様相となる。ハイマツのなかの道をたどる。その果てる先に頂上がある。

稜線を越えてくる風が冷たい。顔面に突き刺さるようだ。手袋をする。頂上近くは風がいっそう強くなってきた。秋を通りこし、冬の領域に入ったかのようだ。

五丈岩の前に出る。無粋なまでに大きな岩だ。美しさを感じさせるわけでもなく、飾り気もなく、ただ単に岩そのものだ。岩の前に進み出て登ろうとする。だが、途中で風のあたる側に出て、体の動きが止まってしまった。あまりに風が強く、バランスが不安定になり、危険を感じる。ぶざまにしがみついていたが、ついに断念する。また別の機会に登ることにしよう、と自分をなぐさめる。

富士山が左右に均等に肩をなでおろしている。瑞牆山の左上方に八ヶ岳が見える。南アルプスの白峰三山（北岳、間ノ岳、農鳥岳）がはっきり確認できた。農鳥岳のうしろに寄りそうように塩見岳がのぞく。甲斐駒ヶ岳が仙丈ヶ岳にもたれかかるようにかしいでいる。

強風からのがれるように下山開始。下り始めると気持ちが軽くなり、距離がはかどる。景色を見る余裕ができて、富士見平小屋近辺の黄葉に足を止める。太陽の光が透過し、青空をバックに黄色があざやかだ。増富温泉まで往路を引き返す。

17 赤城山

１８２７・７m（黒檜山）　群馬県

大沼(おの)の湖畔・大洞(だいどう)でバスを下車。しばらくアスファルト道路を歩き、小鳥ヶ島の先から登山道に入る。雑木を見ながらゆっくり登る。木々の枝の間から大沼が見える。

大沼は青い水をたたえている。湖面をモーターボートが走り、白い航跡を描く。

山頂近くの日陰で、まぶしたような新雪を見る。冬の先兵たちが舞いおりているのだ。昨夜の雪か。登山靴で地面をこすると、なくなってしまうほどの淡雪だ。

大沼の青色はライトブルー、空はそれよりやや濃い。ひんやりした空気を吸いこむ。冷気が肺の中を通過する。肺の中が浄化されるようだ。

黒檜(くろび)山山頂から槍ヶ岳が見えた。北岳も見える。富士、浅間、四阿(あずまや)山、平標(たいらっぴょう)山、雪をかぶった谷川岳、巻機(まきはた)山などが視界にひろがる。燧ヶ岳、黒々とした皇海(すかい)山、武尊(ほたか)山、男体(なんたい)山がさらにつづく。見あきることのない展望だ。

明るい尾根の小道を歩き、駒ヶ岳も踏む。

大沼へのジグザグの道を下ると、人のにぎわいとなり、尾根の静けさが不思議なほどだった。

⑰赤城山

1976年11月3日

前橋駅＝大洞－小鳥ヶ島－赤城山・黒檜山－駒ヶ岳－小沼－地蔵岳－大洞＝前橋駅

□

カメラマンY氏がまたまた誘いにきた。今度は雪の富士山に登ろうという。

前回の冬山、赤岳山行では借りものの装備が多かったが、今回は自前の道具を買いそろえようと思った。たとえば、十本爪のアイゼン、ピッケル、オーバーズボンなどは、かりにそのあと雪山に行かなくても、利用価値はありそうだ。

山行一週間前に、航空会社のドイツ人機長が富士山で滑落死したニュースを見て緊張した。山岳書などによると、富士山には特有の突風が吹くという。風の吹く方向がいきなり変わることがあるので、かなり危険のようだ。風がきたら、〝耐風体勢〟をとらなければならない。二本の足のアイゼンを雪面にけりこみ、ピッケルを雪にさしこみ、その三点で正三角形をつくる。風が吹きやむまでピッケルをかかえこむように待つのだという。その話をY氏にしたが、彼はニコニコ笑っていた。

スバルライン五合目まで車で入る。

ひとまず六合目の小屋まで行き、その軒下で幕営した。マネごとながら雪上訓練をした。

夜中に雪が降り、テントの裾あたりに次第に積もってきた。積もった雪に押されて、テント内が窮屈になってくる。内側から体で押してみるが雪は重く、らちがあかない。たまりかねたY氏が外に出て除雪した。

外が白んできた。天候はまあまあの様子だ。新調のアイゼンを靴に装着する。しかし、歩き始めて数分後に、アイゼン・バンドがゆるんできた。出発前に、室内で何回も固定する練習をしたのにどうしたことか。これでは先が思いやられる。もし危険個所でアイゼンがはずれたら事故につながるところだった。Y氏に手伝ってもらい、もう一度アイゼン・バンドを締め直す。

同じ年の夏に砂走りで駆け下りたコースを一歩一歩登りつめる。かなりの傾斜をジグザグの電光型に登る。スケート・リンクを斜めにしたような個所もある。転倒でもしたら、止まることなく何百メートルもスリップしそうだ。

九合目から上は山小屋などの建造物がなく、一面の雪だ。それも一部凍っている。雪にさしこんだピッケルを引き抜くと、その穴の中が淡いブルーをしていてきれいだ。白色や灰色だけの世界かと思っていたのに、色素がひそんでいたことに驚く。

ようやく頂上に着く。夏の小屋が雪や氷にうずもれている。氷の建造物のようで、堅固な要塞みたいだ。氷はガチンガチンでピッケルの石突きが容易に刺さらない。ときおり青空になる。

記念撮影をすませて下ることにした。またしても霧につつまれた。滑落だけはしないように気をつける。

恐れていた富士山の突風は吹かなかった。

⑱ 悪沢岳

3141m　静岡県

Y氏から南アルプスの悪沢岳（わるさわ）に行かないかと誘われた。状況次第で赤石岳にも登るという。この初冬の時期に、それも南アルプスの南部か——。体が身ぶるいする。南アルプスの南部といえば、相当なベテランが行くところではないのだろうか。富士山で少しは雪山をかじったとはいえ、図体の大きい南アルプスには未知の恐怖が感じられた。この一年間で国内の標高ベストテンのうち、赤石岳を残して全部登っていることが頭のなかをかすめる。話にのることにする。

Y氏、その友人、私の三人で出発。Y氏たちは正月山行の荷揚げをかねる。椹島（さわらじま）から歩き始めた。吊橋に渡してある横棒に雪があり、おそるおそる進む。登りにくい斜面がかなりつづき、不意に車道に出た。蕨（わらび）ノ段あたりは深い樹林のなかで、薄暗い。三人で交わす話し声が樹林に吸いこまれていくようだ。

千枚小屋に着く。水場にはチョロチョロとしか流れてなく、流れた水が一部凍っている。足場が滑りやすいので、地面の氷をピッケルで割り、氷を散らす。

朝、テルモスにお湯を入れ、出発。千枚岳の稜線に上がるが、予想に反して風はなかった。

悪沢岳までの間で降雪となったが、長くはなかった。空は鉛色。雪の積もった岩場を行く。

悪沢岳到着。山頂からは白い赤石岳が近くに見えた。富士山もよくとらえることができたが、そのほかの山は霧に隠されている。ためらいがちに薄日がもれるが、また霧にからまれる。

⑱悪沢岳

1976年11月27～29日

椹島－千枚小屋⌂－千枚岳－悪沢岳－千枚小屋⌂－椹島

この時点で赤石岳を断念する。することもなくしばらく山頂で休んでいたら、青空が少しのぞき、遠景が見えだした。

Y氏が、遠くの空の雲のわきあがり方や灰色の部分を指し、「あの前線が通過して雪になったのか……」とつぶやく。

モコモコと盛り上がったような塩見岳、ボリュームのある間ノ岳が姿を現わした。目をこらすと、その向こうに仙丈ヶ岳、岩肌の甲斐駒、鳳凰（ほうおう）三山、右手に金峰山が見える。赤石岳には雲が吹きつけられ、頂上部が隠れていた。

今回、赤石岳を登っていれば、一年間に日本の高い山ベストテンをすべて登ることができたはずだったが、それは果たせなかった。ちょっと残念な気もした。

千枚小屋まで引き返す。

翌朝、外を見ると一面の雪。驚いた。積雪およそ三十センチ。Y氏は全然恐れるふうではなく、ニコニコ笑っている。悪天候を喜ぶ雷鳥のような人だ。

椹島へは、スパッツを装着し、雪をけちらしながら下った。

⑲ 雲取山

2017・1m　埼玉県・東京都・山梨県

埼玉県側の三峰神社から三人で歩き始める。杉の植林帯などを通る。日のあたらない登山道では一部凍結していて、滑りやすい。

雲取山荘に泊まる。広い部屋のまんなかにヤグラゴタツがあり、周囲から宿泊者が足を突っこむ。

この寒い時期に、沢登りをした人が到着する。山の歌ばかりをおさめたカセットテープに聴きほれている人がいる。

寝るとき、登山者たちはヤグラゴタツの周りから放射状に足を入れて、ふとんをかける。

朝の食事は日の出前の薄暗い部屋でとる。寒い。そのうち日が昇り、ほぼ真横からさしこんだ光の筋が室内を射ぬく。登山者の動きにつられて浮遊するゴミが光の帯のなかを泳ぎまわる。

山頂までコメツガの原生林を見ながら歩く。山頂は南側が開け、明るい。白っぽいもやに麓の部分を沈めた富士山が静かに浮かんでいる。斜光を浴び、沢筋が明確だ。登山者の目が富士山に奪われる。南アルプスがズラーッと勢ぞろいしている。甲斐駒、仙丈、北岳、間ノ岳、この間登ったばかりの悪沢岳、登れなかった赤石岳、聖岳、さらにその南方にも白い峰が連なっている。

だれかが八ヶ岳が見えるというので、その方角をさぐる。

⑲雲取山
1976年12月11～12日
西武秩父駅－御花畑駅＝三峰口駅＝三峰神社－白岩山－雲取山荘⌂－雲取山－七ツ石山－鷹ノ巣山－中日原＝奥多摩駅

雪をまとった赤岳の先っぽが、手前の黒っぽい樹林の尾根の向こうにわずかにのぞいていた。

浅間も見えた。噴煙か雲か判別しがたいものを身にまとっている。

下りは七ツ石山、鷹ノ巣山を越え、日原(にっぱら)をめがけた。

同行のM氏は、休憩後、出発するときにかぎって、「ちょっと……」と言っては用足しの場所へ小走りし、そのたびにS氏とうんざり顔をして待った。

石尾根は長かったが、南斜面は日だまりが多く、途中、お湯をわかしてコーヒーを飲んだ。

⑳ 丹沢山

1491m(塔ノ岳)/1673m(蛭ヶ岳) 神奈川県

ヤビツ峠から二ノ塔、三ノ塔を越え、塔ノ岳の尊仏山荘に泊まる。大晦日(おおみそか)で、小屋は大入り満員。この小屋のトイレでは、尻をライトで照らされて、落ち着かなかった。

だれかが懐中電灯を誤って落として、そのままになっていたのだ。

小屋番の指示に従い、部屋の隅から順番に互いちがいに横になる。寝ころがり、両サイドを見ると、どちらも他人の足ということになる。お互いさまだから仕方がない。こういう場面になると、足のにおいが気にならなくなる。

あとから着いた宿泊者がスペースの狭さを小屋番にあたる。小屋番が冗談まじりに、「わたしの言うことを聞かない人は小屋から出ていってもらいますッ」と応えたところ、ちょっと酔っていた客がガゼン声を荒らげ始めた。

「この寒いときに追い出すとはどういうことだ」

ざわついていた小屋内が静まりかえる。お互いの真意をあらためて確認しあっているうち、宿泊者の怒りもおさまる。周囲でなりゆきを見守っていた人たちの間にも、「よかった、よかった」の空気が流れる。

初日の出が見えることを願って眠りにつく。人いきれで夜中も暑く、毛布を上半身からずらして涼む。

日の出直前、小屋前の広場には二重、三重の人垣がで

⑳丹沢山

1976年12月31日～1月1日

大秦野駅＝蓑毛（9:35）－ヤビツ峠（10:50）－三ノ塔（13:00）－塔ノ岳（15:00🏠7:30）－丹沢山（8:40）－蛭ヶ岳（10:45㊡11:15）－姫次ノ原（12:35）－黍殻山－青根（15:00）＝藤野駅

き、カメラの放列となる。
曙光は三浦半島の上部から出た。相模湾がオレンジ色に染まり、陸地がシルエットになる。相模川の河口、江ノ島、海岸沿いのホテルがよく認められる。

富士山は？と思い、反対側にまわる。雪が朝日を受けて、〝紅富士〟（注参照）になっている。長い裾野を気持ちよさそうに延ばしている。

丹沢山へは、いったん下る。積雪はあるが、踏みしめられて靴がもぐることはない。凍結もそこそこで、アイゼンをつけることなく通過できる。

丹沢山頂は小広い。低木が多く、視界はよくない。塔ノ岳に比べて静かだ。気持ちは落ち着くが、長くいるほどのことはないと思い、蛭ヶ岳方面へ向かった。

蛭ヶ岳の頂上にはうっすらと雪が積もっていた。鹿が群れている。大菩薩嶺あたりの稜線が雪で白い。

青根まで人は少なく、うすら寒いなかを歩く。ラジオで、めでたさいっぱいの正月番組を聴きながら下った。

〈注〉紅富士＝雪で白い山体が朝日や夕日でピンク色に見える状態。
赤富士＝雪のない山体が朝日や夕日で赤味を増して見える状態。

㉑ 筑波山

877m（女体山）　茨城県

筑波鉄道（一九八七年に廃止）の筑波駅から筑波山神社までバスを使う。ケーブルの下の登山道は人が少ない。生い茂った木々の葉のすきまから一月の青い空がのぞく。おおげさにニッカーボッカ姿で来てしまったことを後悔する。人ごみのなかでは登山姿は違和感があり、恥ずかしい思いをしたが、樹林帯の道ではまあまあ許せるだろう。

しかし、頂上部に着いてもとの感覚に引き戻された。大勢の初もうでの人たちに比べて、ニッカーボッカ姿はどう考えても変だ。

富士山が遠くに浮かんで見えた。そこそこに女体山・男体山をめぐり、下山路をとる。裏道には人は多くないが、おまいりをすませて晴ればれとした表情の人たちに会うとやはり

㉑筑波山
1977年1月3日

土浦駅＝筑波駅＝筑波山神社（9：25）－筑波山・男体山（10：30）－女体山（11：10）－弁慶七戻－筑波山神社（12：10）－筑波駅（12：45）＝土浦駅

伏し目がちになる。
帰途、筑波山神社からはバスに乗らず、筑波駅までアスファルト道を歩く。

㉒天城山

1405・6m（万三郎岳）　静岡県

天城峠（あまぎ）でバスを降りたら、雪片が花びらのように落ちてきた。登山道に雪が積もっている。

八丁池に出た。古い建物（その後、取り壊された）に泊まる。夕食後、時間をもてあましていたら、他の登山者グループから「マージャンのメンバーが足りないんですが……」と誘われる。山小屋でマージャンもいいものだとパイをまぜることにした。部屋に帰ると同行のH氏はもう寝ていた。

朝、八丁池を目に前にして、立ちすくんでしまった。雪でおおわれた池はまっ白な平面で、向こう岸の樹林が白い屏風のようだった。単色の世界だ。しかも音がない。

スパッツをつけて踏み跡のない雪の上を歩く。膝程度の積雪。雪をけちらす快感。縦横に歩きまわる。童心にかえってしまう。ほかの登山者も同じように、わけもなく雪の上を歩いている。ふかふかの雪がつくった白い世界にひたりきる。


万三郎岳に近づくにつれ、積雪が多くなってきた。十センチぐらいはあるだろうか。木の枝が湿っぽい雪に押さえつけられて、おじぎをしている。

霧がたちこめ、山道の先は見えない。風のない地帯は枝にまんべんなく霧氷がついているが、風の強いところでは木の幹の片側に雪がへばりついている。

キュッキュッと雪を踏み、黙々と歩く。

万三郎岳の測量用ヤグラに登るが、霧のため展望はなかった。息が白く見える。休んでいると冷えてくる。短い休憩後、思いなおしたように歩き始める。

天城高原のアスファルト道に出て、山旅が終わった。さらに下り、ホテルの風呂に入る。

㉒天城山

1977年2月11〜12日

三島駅＝修善寺駅＝天城峠（時刻不明）－水生地（13：20）－八丁池（15：00⌂7：40）－万三郎岳（9：50）－万二郎岳（11：20㊡12：50）－天城高原ゴルフ場－東急ホテル（14：40）＝伊東駅

バス停までゆっくり歩いていたら、バスが姿を現わし、小走りする。「ああ、まにあった」と思ったとき、転倒。凍った路面で滑ってしまった。乗客に見られ、きまりが悪かった。

□

二月に奥多摩の山を歩き、帰宅して地図に歩いたコースを赤いボールペンで記入する。その線を見ているうちに、ある考えが浮かんだ。線と線との切れ間を結びつけていくと、どのぐらいの範囲まで延長することができるのだろうか。ガイドブックを念入りに調べる。

奥多摩から奥秩父へはスムーズにつながる。その先は、一度平地に下ることになるが八ヶ岳へ接続でき、美ヶ原までは大丈夫だ。松本市周辺は、双体道祖神を趣味で撮り歩いていたことがあり、上高地の手前まですでに赤い線が引かれている。上高地からは北アルプスを縦走して、日本海の海岸まで到達できる。

奥多摩から太平洋側はどうか。丹沢山塊、箱根の山をつなぎ、小田原市の海岸へ抜けられそうだ。

〝歩いて日本列島を横切る〟ことができる。しかも、有名山岳を連ねる。頭のなかが興奮してきた。この日本横断線のために、さっそく、山行プランをたてた。まず奥秩父の東半分を歩いてみようと考えた。

㉓ 甲武信ヶ岳

2475m　埼玉・山梨・長野県

二泊三日の計画で丹波から入山。一泊目は将監(しょうげん)小屋、二泊目を甲武信(こぶし)小屋と決め、幕営するつもりでテントを持参する。テントは購入したばかりで、初めての使用だ。前飛竜(まえひりゅう)で道を間違えて沢筋に下ってしまい、二時間四十分も時間をロスした。

飛竜権現からはほぼ平坦な道となる。ところどころ凍結しているので用心しながら渡り歩く。薄氷の上におそるおそる足をのせる。滑らないように足裏に神経を集中させる。できることなら、そのまま足を真上に持ち上げたいところだ。重心のポイントがわずかにずれるだけで滑りそうだ。くちびるをムッとしめる。滑ることを予感しつつ、道の脇の枯れ草に目がいく。あっちのほうが安心だなと横目でにらみながら足を

㉓甲武信ヶ岳

1977年3月19～21日

奥多摩駅＝丹波(7:20)－サオラ峠(9:35)－熊倉山－前飛(12:00)－道を間違える－前飛竜(14:40)－ハゲ岩分岐(15:30)－将監小屋(18:20⌂7:00)－午王院平(7:30)－笠取小屋(10:20㊡10:35)－古礼山－水晶山(13:00)－雁坂峠(13:40㊡14:00)－雁坂嶺(14:40)－破風山(15:55)－笹平(16:25)－甲武信小屋(17:40△7:05)－甲武信ヶ岳(7:25㊡8:00)－木賊山(8:25)－ヌク沢(11:25)－ナレイ沢(11:55)－新地平(12:40)＝塩山駅

移動させる。突然、体が宙に舞う。尻から落ちる。用心して立ちあがる。気をつけなければいけないとおよび腰になり、歩幅を狭くとる。と、また転倒。やっかいな道がつづく。

日中に太陽光線のあたるところは雪が解け、水となるが、朝夕の冷えこみで凍結する。それでも、何日も太陽があたったところははっきり春の地肌を見せている。春が、雪や氷をゆっくりゆっくりはぎとりにかかっている季節だ。

夕暮れ近くになり、将監小屋に着く。樹林のため登山道は闇の底だ。闇は地面からしのび寄ってくる。クマザサを分けるように小屋にたどり着く。

テントを張る気力がなく、小屋泊まりとする。先着組の寝ているなかでラーメンをつくる。先着組の視線を闇のなかで感じる。闇のなかの目は、こちらが何を食べるのかいちおう見ておきたいのかもしれない。簡単に食事をすませて寝袋にもぐる。

次の朝も天気ははっきりしない。どんよりと曇った空。灰色におおわれて歩く。針葉樹の間に音もなく霧がしのびこむ。

笠取小屋も奥秩父らしい小屋で、飾り気がない。稜線の道は明瞭についていて、心配はない。残雪上のトレイルを忠実に踏む。少し茶目っ気を出して踏み跡のない個所に足を入れると、靴の中に雪が入る。スパッツをつけないで歩くのは都合が悪い。指を靴のかかとに入れ、雪をかき出す。

雁峠（がん）からの急斜面では何度も立ちどまり、荒れた呼吸をなだめる。

雁坂峠（かりさか）は南斜面が明るい。ひと休みする。上空には暗雲がのしかかっているが、すきまから両神山（りょうかみ）、新地平（しんちだいら）の広瀬湖などがのぞいている。

奥秩父の山は、一般に稜線の北側は暗い針葉樹林帯となっている。登山道が北側を巻くときはうっそうとしている。木の根などをよけながら通過する。

積雪が多くなり、油断すると雪を踏み抜く。アッと思ったときはもう遅い。足を引き抜くのがまたやっかいだ。雪面や樹に手をかけて、よっこらしょと引っぱりあげる。背中のザックごと体をあげるのは余分なエネルギーを消耗する。一度踏み抜くと、次からは足を置く場所選びに慎重になる。目がケモノのようになる。

甲武信小屋に着く手前はトラバース気味の道となる。小屋らしい場所を予想しながら歩くが、なかなか着かない。暗くなるし、気があせる。そして踏み抜き。しかし、イライラしても仕方がない。一歩一歩進むことでしかこの状態を脱する方法はない。

甲武信小屋のテント場は先着組がいい場所を確保しているので、若干地形に不利なところに幕営する。まず残雪を踏み固める。何度も踏み抜きを繰り返してきた足にもうひとふんばりしてもらう。なんとか整地でき、テントを立てる。床面に多少のデコボコがあるが、それはコブシで上から叩く。ここはコブシ小屋前だ。

翌朝、枝を揺るがす風の音で目が覚める。寒さで体がこわばる。寝袋の中で行動前の心の準備をする。

空身で甲武信ヶ岳に向かう。セーターを通して冷気が肌に侵入してくる。急坂を歩くうちに体があたたまってきた。

頂上には大きな石積みがあり、その周囲に広いとはいえない空間がある。富士山が朝のやわらかい光線を浴びている。実におだやかだ。白い光にくるまれて神々しい。金峰山の五丈岩が確認できた。八ヶ岳も望める。八ヶ岳右手に、北アルプスの背骨が長くつづいている。穂高、槍、針ノ木岳、鹿島槍、五竜、白馬三山が見える。さらに、戸隠山、焼山、火打山、妙高山、浅間山が並ぶ。金峰の右に甲斐駒、左手に白峰三山がのぞいている。国師岳の左手には荒川岳、赤石岳らしい白い峰が光っている。

風景に満足し、テント場へ戻る。すでに出発したグループのテントが姿を消し、その踏み固められた跡が空虚だ。自分だけとり残された気分になり、撤収する。

木賊(とくさ)山をへて、新地平へと下った。

下山中、かかとにヒリヒリするような痛みを感じ、靴下を脱いでみた。皮膚が五ミリ四方ぐらい赤くなっていた。小石でもはさまっているのかと思い靴下を裏返してみると、堅くなった毛玉があり、これでこすれたようだ。これ以上、皮膚が傷まないように大事に足を運ぶ。新地平では足をひきずりながら歩く。

㉔ 立山

3015m（大汝山）／3003m（雄山）　富山県

五月初め、黒部ダムの下を通り、内蔵助(くらのすけ)平に入った。残雪が多く、数メートルはあるようだ。その上にテントを張る。ほかにメンバーは四人いる。そのうちのひとりは私と同じ会社に勤めていて、前年夏に雲ノ平に同行した知りあいのK氏だが、ほかの

㉔立山

1977年5月3～7日

松本駅＝信濃大町駅＝扇沢＝黒四ダム（11：00）－内蔵助谷出合（12:10）－内蔵助平（14:20⛺立山往復⛺雨のため沈殿⛺黒部別山・北峰、南峰往復⛺9:00）－内蔵助平出合（9:55）－黒四ダム（11：25）＝扇沢＝信濃大町駅

三人はK氏と大学時代のクラブ仲間だ。

内蔵助平をベースにして四泊した。

水場は、残雪の裂け目を二メートルほど下るが、あと一歩のところで手が届かず、水筒にヒモをつけて雪解け水に流しながらためる。

二日目に立山へ行くことにした。どこを見ても残雪ばかり。歩くルートは自由に設定できる。すり鉢のような地形を早く稜線へ出ようということになり、ダケカンバの枝が顔を出している斜面を直登した。キックステップで高度をかせぐ。残雪期ならではの登り方だ。

稜線からは鹿島槍など、後立山（うしろ）連峰がよく見える。さらに高度をあげる。岩場とハイマツの露出している場所に出る。相変わらず高曇りだ。雷鳥がどこか近くで鳴いている。ガーガーとうるさい。

岩場で休む。風をよけるためにツェルト（不時露営用小型テント）を岩と岩とに差し渡し、簡易的に屋根をつくる。お湯をわかすと湯気がこもり、けっこうあたたかく感じられる。

立山・雄山神社。社務所側から山頂部を見る。吹きだまりの積雪は深かった

ここで二班に分かれる。どうしても立山に登りたい私に会社同僚のK氏が同行し、ほかの三人はここらでのんびりしていたいという。

稜線には雪庇(せっぴ)が張り出していた。あぶない。岩場になると足場がしっかりして心強い。

大汝山(おおなんじ)の避難小屋の屋根が雪からのぞいている。小屋の屋根と同じ高さを歩く。

雄山の鳥居が雪にうずまり、到底くぐれない。鳥居をまたぐこともはばかられる。横を通り抜けて山頂に着く。神社は完全防御態勢の戸締まりが施されている。

空は鉛色だが、槍ヶ岳の穂先、大

天井岳、針ノ木岳などが見えた。弥陀ヶ原は雪の解け具合が均等でなく、ところどころまだら模様ができている。

風が冷たくて、もとの場所へ帰ることにする。

カールを一気にグリセードで下る、というのは山慣れたほかの四人。私はおどおどしながら下る。滑るというより立ちどまるほうが多い。彼らはカールの底ですでに点になっている。ひとりトボトボ下る。気持ちはあせるが、仕方がない。追いつくのに精いっぱいだ。

雪上歩行で足がガクガクしてくる。内蔵助平の手前では足がもつれそうだった。天候は、雨になったりアラレが降ったり、不安定だった。晴れた日を選んで黒部別山の北峰と南峰へ行く。これらの山は積雪期のほうが登りやすい山とのこと。晴れた日、倒木の向こうで顔を突き出しているオコジョを見る。姿を消しては、あっちこっちでヒョイと顔を出す。

ひと晩雨が降ると、テントのポールを伝わった水が雪に深い穴をあける。晴れ間を選び、中の荷物を出し、テントを移動させる。テントのあった場所だけ十数センチほど高くなっている。雨による雪の解け具合に目を見張った。整地しなおして、テントをもとへ戻す。

㉕ 燧ヶ岳

2356m（柴安嵓）／2346・2m（俎嵓）　福島県

会社の上司、同僚と三人で出かけた。上越線の各駅停車を乗り継いで沼田に着く。大清水を夜明けごろ歩き始め、残雪の多い三平（さんぺい）峠を越える。尾瀬沼付近では、写真で見たとおりミズバショウの白い姿が目立った。リュウキンカの黄色も目につく。

㉕燧ヶ岳
1977年5月28〜29日
沼田駅＝大清水（4:10）－三平橋（5:10㊡5:25）－尾瀬沼（6:55㊡8:00）－燧ヶ岳・俎嵓（12:20㊡13:18）－柴安嵓（13:45）－見晴十字路（16:40⌂6:05）－三条ノ滝（7:20㊡7:35）－見晴十字路（9:10㊡9:50）－山ノ鼻（12:00㊡13:25）－鳩待峠（14:30）＝沼田駅

燧ヶ岳までは樹林のなか、よく踏まれた残雪の上を歩く。残雪が木の根っこ付近でよく解けているのが不思議だった。気温よりも植物内の温度のほうが高いのだろうか。また、木の幹を伝わってくる水滴などで雪解けがはかどるのかもしれない。

俎嵓（まないたぐら）への最後の登りはかなりの急斜で、残雪にステップが切られていた。関西出身のT氏は足がすくんだのか、「夜行で疲れているんだ、落ちたらどうするんや」と声を荒らげる。

頂上は岩が多く雪はなかった。尾瀬沼のかなたに日光の奥白根山が見える。至仏山の左手には武尊山が並ぶ。平(ひら)ヶ岳の頂上部が平たく延びている。三人でカップラーメンを食べる。

十字路に向けて見晴(みはらし)新道を下る。沢のような地形には残雪が多く、かかとに比重をかけ、背すじをのばすようにして大胆に歩く。

小屋にたどり着き、夕食後、すぐに寝てしまった。翌朝はT氏も体力を回復し、三条ノ滝を往復して、なごやかに鳩待峠へと向かった。

㉖ 霧ヶ峰

1924・7m（車山） 長野県

「日本徒歩横断」のために、蓼科温泉から白樺湖、車山、八島(やしま)湿原、鷲(わし)ヶ峰、和田峠を通り、松本の手前まで歩くことにする。

「日本徒歩横断線」をつなぐため、八子ヶ峰の手前でザックをおろし、女神茶屋まで空身で往復する。八子ヶ峰近辺は中学生の林間学校らしいクラスが多く見られ、にぎやかだ。どこが最高所かよくわからないような稜線を白樺湖に向けて下る。

車山頂上周辺は人が多く、早々に下る。いたるところ、さすがにニッコウキスゲが多く、緑の草原に黄色い花が映える。

鎌ヶ池までは、なだらかで、まるで別天地のようなところを歩く。丸みのある斜面の向こうに蓼科山が顔を突き出している。

鎌ヶ池のキャンプ場にテントを張る。寝袋を用意しなかったので、セーターを着こんで寝る。足はザックに突っこむ。キャンプファイヤーの周りはにぎやかで、遅くまで嬌声を発している。テントの中でジッと目をつぶる。

翌朝は快晴。ただし鷲ヶ峰方面には、はうような霧が流れてきて、ときどき頂上を隠す。

昨日につづき、心のなごむ風景のなかを歩く。鷲ヶ峰への登りは、久しぶりに歩幅を狭くすることになった。ゆっくり登る。七島八島が目の下に

㉖霧ヶ峰

1977年7月28～29日

茅野駅＝蓼科温泉親湯(6:50)－女神茶屋－展望台(8:15)－八子ヶ峰(9:25)－白樺湖(11:30)－車山(14:00)－鎌ヶ池(15:50⛺7:00)－鷲ヶ峰(8:00㊡8:20)－和田峠(9:15)－三峰山(10:40㊡11:00)－扉峠(12:10)－車に拾われる＝三城牧場(12:50)－原(15:20)－大戸橋(15:40)＝松本駅

ひろがる。山頂からは、美ヶ原、車山、八ヶ岳連峰がよく見える。

下ったところが黒曜石で有名な和田峠。目を皿のようにして黒い破片を探す。二、三個拾うことができた。太古の人々の穿(うが)ったものを手にする感激。この片割れが矢じりに使われ、日本各地に散らばっているのだ。

三峰山まで、またまた気持ちのよいスロープを歩く。人がいなく、心が晴れる。青い空と緑の斜面、そして白い雲。槍ヶ岳の穂先が見える。

扉峠の下で、「日本徒歩横断線」の太平洋側が一部を残して美ヶ原までつながる。今回、さらに三城(さんじろ)牧場から松本市街の手前までを歩き、横断線を延ばす。

27 谷川岳

1977m(オキノ耳)/1963m(トマノ耳) 群馬・新潟県

上越線夜行で土合(どあい)駅に着く。ここは地下駅で、地上まで長い階段を登る。下車していきなりの登りはきつい。登山者が遅れをとるまいといっせいに歩くものだから、靴音がゴンゴンとトンネル内に響く。異様な行進だ。

地上に出るとまだまっ暗だが、ルートを熟知している人たちはどんどん歩く。私としては巌剛(がんごう)新道、西黒尾根方面に行きたいのだが、暗くて方向がわからない。人の波にそのままついていって、全然違う登山口に連れていかれるのはマズい。ガイドブックを開き直して確認する。暗い道で道標が見あたらない。不安になり、歩いている登山者に尋ねてみる。

登山道に入る。前後に何人か歩いている。心配ないと思っていたら、いつしか道が細くなり、とうとうヤブこぎ状態になる。木の枝や笹をつかんで支尾根に出る。どこでどう間違ってしまったか、あとから来た人もいぶかしそうな表情だ。その顔は、「あなたが行ったから。大丈夫だと思ってついてきたのだが……」と言いたげでもあった。

ルートを修正し、そのうち稜線に出ることができてひと息つく。秋の空は澄みわたっている。風の冷たさは冬の到来を予感させる。防寒着を着る。

ご来光だ。上州武尊山の左、奥白根山あたりからまっ

㉗谷川岳

1977年10月2日

土合駅(3:00)ー指導センター(3:30)ーマチガ沢ー西黒尾根分岐(5:20)ートマノ耳(6:40㊡6:50)ーオキノ耳ー茂倉岳(8:10㊡8:30)ー武能岳(9:35)ー蓬峠(10:10㊡11:20)ー土樽駅(13:20)

赤な太陽が昇ってきた。

トマノ耳は東側が切れ落ちて、のぞくときはおっかなびっくりの体勢。秋晴れのなか、ロープウェイを使った人たちが頂上に向かってくる。

ハイマツやイトザサの間に木の葉が赤く色づいている。オキノ耳を越え、一ノ倉岳に向かう。イトザサにおおわれた山頂には、カマボコ屋根の避難小屋があった。

茂倉(しげくら)岳、武能(ぶのう)岳への稜線は快適だ。明るい尾根をグングン進む。イトザサ、草もみじ、木の葉の紅葉が斜面をいろどる。イトザサが逆光線を浴び、テカテカ光っている。

武能岳がピラミダルな図体を見せる。稜線を歩く登山者の人影が空に浮かび、数えることができる。

蓬(よもぎ)峠から土樽(つちたる)駅方面へ下る。

土樽駅手前で広いススキの原に出会い、山腹の秋も深まっていることを知る。

□

一九七七年秋から仕事が忙しくなってきた。翌年の春に新しい業務が進行することになり、その準備に追われる。

この段階で百名山は二十七山。

このころは、百名山の存在は知らず「日本徒歩横断」のほうに関心があった。冬は太平洋側の低山をつないで、北アルプスの高い山は夏にまわすことにする。

一九七七年の後半は山行回数が減った欲求不満がつのってきたのか、年末年始を上高地で過ごすことにした。女優の八千草薫さんが上高地で正月を迎えた記事を見たことがあり、それでは自分もと思った。

一九七八年は新年早々カゼ気味で、弱気になる。業務で残業も多くなり、週末に山に出かける余裕がなくなる。春までに日帰り山行を二回したにとどまる。

五月に一泊二日で南アルプス・鳳凰山に登ることにした。

㉘ 鳳凰山

2764m（地蔵岳）／2840・7m（観音岳）　山梨県

残雪の残り具合がわからず、心配しながら入山した。

夜叉神（やしゃじん）峠登山口からの登りは、ウォーミングアップにちょうどよかった。緑がまだ

㉘鳳凰山

1978年5月13～14日

甲府駅＝夜叉神峠登山口（4：30）－夜叉神峠小屋（6：00㊡6：10）－杖立峠（7：25㊡7：50）－仮眠（9：00～10：10）－苺平（10：35）－南御室小屋（11：15㊡12：55）－薬師岳小屋（13：55）－薬師岳（14：10㊡14：20）－観音岳（14：50）－鳳凰小屋（17：30⛺5：30）－地蔵岳（6：20㊡6：45）－鳳凰小屋（7：10㊡7：30）－燕頭山（8：50）－御座石鉱泉（時刻不明）＝韮崎駅

淡い樹林のなかを歩く。

途中で一緒になった二人連れと雑談しながら登る。二人ともバードウォッチングしながらののんびり派だ。彼らの歩くペースは、遊歩しているといった感じだ。ひとりは短パン姿で軽快そう。彼らは、一時間ほどで十二、三種類の鳥の声を聞いたという。こちらは全然聞き分けられない。教えてもらったうち、ホーホーというツツドリの鳴き声だけは記憶に残った。単独行をしていると、山の知識は人から教わることが少なくて不利だ。

気持ちのよさそうな草の原で三人並んで腰かける。夜行列車の疲れが出て、仮眠をしようということになり、三人とも寝そべる。目をつむり、鳥の声を聞く。知らないうちに浅い眠りにつく。

太陽が雲に隠れたのか、風が冷たくなり、目が覚めた。鳥の声を楽しむ二人をあとにして再びひとりで歩き始める。

南御室（おむろ）小屋に着くころ霧が漂い始め、樹林のなかは薄気味悪いような独特の雰囲気になる。まるで山の精のおでましのようだ。音や声が木々の精に吸いとられ、何も応答してくれないような感じがする。

時間的に早いので、思いきって地蔵岳まで足を延ばすことにする。稜線には、汚れて腐ったような残雪があった。霧におおわれ、乳白色のなか、花崗岩の白砂と残雪で地面は白っぽい。

登山者にはほとんど会わない。観音岳近くで霧が切れ、地蔵岳のオベリスクが目立つ。先端が鳥のクチバシのように空に向いている。稜線の残雪が雪庇状になっているが、亀裂のはいったその上に勇敢にもテントを張っている人がいた。

雪の解けてしまった賽(さい)ノ河原で砂の上をザクザク歩く。

オベリスクに取り付く。可能なかぎり高いところまで登る。最後に、これ以上はどうしても進めないところがあり、引き返す。鳳凰小屋のテント場で幕営する。

次の日、御座石(ございし)鉱泉までの道では残雪に難渋した。踏み抜くことがたびたびあり、疲れた足にはこたえた。

御座石鉱泉ではすぐに風呂に入る。湯から上がり、ビールを飲んだ。そのため、手帳に時刻の記録を忘れる。コタツに足を入れると、グッとくつろぐ。残雪に苦しめられた足をいやしてやる。

29 鷲羽岳 30 水晶岳（黒岳）

〈鷲羽岳〉2924・4m 富山・長野県 〈水晶岳〉2986m 富山県

この年の夏は、「日本徒歩横断」のため、北アルプスから日本海までの部分をできるだけ延ばしたかった。四、五回に分割するとしても、どれも三泊以上見込む必要があるコースだ。日帰りで山行を繰り返すというわけにはいかない。

三俣山荘から、いわゆる裏銀座コースを歩き、烏帽子（えぼし）岳方面に向かうことにする。このコースには、百名山は、鷲羽（わしば）岳、水晶岳（黒岳）の二山が含まれている。

新穂高温泉から歩き始める。いきなり道を間違えて、中崎山への道に踏みこんでしまった。すごすごともとへ戻る。はりきった気持ちがわずかながらゆるむ。若干、時間をロスする。ワサビ平まで単調な林道を行く。

幕営準備をしたので、ザックの重量が肩にくいこむ。歩き始めの足が多少ふらつく。胸がしめつけられるようだ。これで双六小屋まで行けるか不安になる。

足を止めて休む。心臓の音が高鳴っている。ドクドクドク、早鐘のようだ。ドックドックドック、ドーック、ドーック、次第におさまっていく。そして、また歩き始める。

途中、右手斜面の岩の積み重なりから吹いてくる涼風にさわやかを感じる。氷室（ひむろ）にでもなっているのかもしれない。

双六小屋までは到底行き着けないことを思い知り、秩父沢で幕営する。近くにもうひと張りテントが立っていた。沢水が使え、快適だ（本来は幕営不可）。

翌朝は快晴。焼岳に陽があたり、赤い。穂高連峰の黒い山体を見ながら進む。

鏡平の池に穂高連峰が映る。

双六小屋の前で思いきり水を飲む。三俣蓮華（れんげ）岳を通過。三俣山荘のテント場に着く手前から雨の気配があり、急ぎ足になる。ザックが背中で踊る。

ポツリポツリと雨がくるなかでテントを張る。ポップ式テントの組み立て時間は約三分。簡単で助かる。張り終

㉙ 鷲羽岳
㉚ 水晶岳（黒岳）

1978年8月12～15日

名古屋駅＝高山駅＝新穂高温泉（15:15）－ワサビ平（17:00）－秩父沢（18:30△5:30）－鏡平（7:25）－双六小屋（10:00）－双六岳（11:35㊡11:55）－三俣蓮華岳（12:55㊡13:10）－三俣山荘（13:40△5:40）－鷲羽岳（6:55㊡7:15）－水晶小屋（8:35）－水晶岳往復－水晶小屋（9:55）－野口五郎岳（12:35）－三ツ岳（15:00）－烏帽子小屋（15:40△5:45）－濁沢（8:00㊡8:25）－葛温泉（10:20）＝信濃大町駅

鷲羽岳の火口湖。左の三角形は常念岳。槍ヶ岳に北穂高岳（右端）がつづく

わったとき、スコールのような雨がきた。景色が白くかすむ。土の斜面がぬれ、水が流れ始める。テントの周りを小さな流れが洗う。テントの中から見る雨はいいものだ。余裕を楽しむ。

しばらくして雨は通り過ぎ、青空が戻る。テントのひさしから水滴がたれている。夕焼け雲をバックに鷲羽岳が黒いかたまりになった。槍ヶ岳がいっそうシャープにとがって見えた。空気中のゴミがシャワーで取り除かれたようでさわやかだ。

夜が明け、鷲羽岳に向かう。食べた分だけ荷物は軽くなったが、急ぎ足は禁物だ。足を疲れさせるもとになる。

頂上からの展望には息をのんだ。鷲羽池が青い。蒼い。水の色には、ダークブルーとライトブルーが溶けあっている。その向こうに槍ヶ岳がすっくと立っている。日ざしが強く、さえぎるものがない。昨日歩いたルートを目でなぞる。二年前の雲ノ平は雷雨のなかだったが、今回、その全貌を上から見ることができた。二年前も今日のように晴れていれば、さぞかし快適だったのにと思う。乗鞍岳、御嶽山、笠ヶ岳が南の方角に見える。さらに右に黒部五郎岳のカール、太郎兵衛平、薬師岳が屏風を立てたように並ぶ。


三百六十度の景色を楽しみ、次の目標、水晶岳へと向かった。

水晶小屋に着く。水晶岳へはここからピストンする。小屋の脇に荷物を置かせてもらう。登り下りのない道を行くと、難なく到達する。途中に高山植物の花があり、遊歩道に彩りを添えている。

山頂は黒っぽい岩からなり、狭い。何人かの人が腰をおろしていて、座る場所が自由に選べないほどだ。雲ノ平が眼下にひろがる。黒部川の源流から薬師沢出合にかけて、グッと深く切れて、雲ノ平が隔絶された台地になっている。雲ノ平は、別天地という表現そのままの静かな雰囲気だ。

雲ノ平の向こうに黒部五郎岳のカールが壁のように立ち、雲ノ平を見下ろしている。薬師岳が大きい。赤牛岳が牛のように鈍重に寝そべっている。野口五郎岳は白っぽい岩の衣装をまとっている。鹿島槍の先に白馬三山が走っている。その左、黒四ダムをはさんで立山の岩峰が立つ。水晶岳はこれらの山を展望するために造られた見晴台のようだ。

しかし、日ざしがきつく、長居をすることなく荷物のところまで引き返す。野口五郎岳あたりまで、炎天にあぶられどおしだった。燕岳から大天井岳まで、長く平らな稜線が目につく。

烏帽子小屋の下方で幕営。急に便意を催し、手近の草原でしゃがむ。尻を襲う蚊の群れに落ち着かず、早々にすませる。

翌朝、濁沢（にごり）までひたすら下る。急坂の途中でゲップが出て、インスタントラーメンの味がこみあげてきた。

高瀬川はダムの工事中で、登山者はヘルメットをかぶせられて歩く。ただし、ザックなどはトラックで運んでくれておお助かり。湖底になるところはもう二度と歩けないかと思うと、なにか奇妙な気がする。

㉛ 浅間山

2568m　群馬・長野県

北アルプスから帰ったあと、九、十月は空白となる。十一月初め、バイク・ツーリングをかねて浅間山に登ることにした。

東京からバイクに乗り、その日は北軽井沢に泊まる。

早朝、寝たまま窓の外を見ると、星が澄んだ光でまたたいていた。その輝きのひとつが、かすかに動いたように見えた。さらに凝視しつづけていると、たしかにゆっくり移動している。人工衛星と気づく。目がさえて、外に出る。

川沿いの道は草も木も霜でまっ白。木々に白いスプレーをかけたみたいで、幻想的な景色だ。ひきこまれるように景色のなかへと歩む。冷たくて、空気は動きを止めている。足に冷たさが伝わってくる。手もこごえる。鼻水が出て手袋でこする。

尾根の向こう側から日がさし始め、霧氷をつけた枝の先端にあたる。霧氷が溶けて水滴になる。日光が透過し、水滴は輝きを得る。たくさんの水粒がそれぞれ赤、青、黄などの色をつけ始めた。クリスマスツリーのイルミネーションのようだ。歩いて角度を変えて見ると、水滴の色も変化する。さっきまでの白い世界が色彩の世界となった。

浅間山へは峰ノ茶屋から登る。カラマツ林のなかの道は歩く人もいない。

ほどなく砂礫の道となる。登山道ははるか上方に向かってつづき、歩を進めてもなかなかはかどらない。うるおいのない乾燥した景色だ。砂の上のわずかの草なども枯れている。

㉛浅間山

1978年11月4日

北軽井沢⌂＝峰ノ茶屋（9:00）－浅間山（12:10）－お鉢めぐり（13:00㊡13:30）－小浅間－峰ノ茶屋（15:00）

下からぐんぐんスピードをあげて追ってくる登山者に気づく。そのうちに追い越される気配になり、こちらは腰をおろして道をあける。目が合い、言葉を交わす。彼は、この浅間山が百名山九十九山目で、年内に残りの恵那山を登り、さらに深田久弥終焉の地・茅ヶ岳に行くとのこと。通産省の役人で三十八歳という。念願を達成する直前の満足感にひたっている表情だ。

彼が先に歩き、またひとりになる。

頂上付近で火山性のガスのにおいが鼻をついてきた。風向きによって強くなったり弱くなったりする。斜面に大きな窪地があり、腰を低くしてすかして見ると、薄青い

峰ノ茶屋方面を見下ろす。稜線は優美な曲線を描く。火山礫で歩きにくい

浅間山の火口縁。北アルプスは穂高連峰（左）から白馬岳（右）まで見えた

気体がたまっていた。有毒ガスかもしれない。そこは息をつめて、避けるように通過する。

頂上の一角に立つ。火口壁がぐるっと見まわせる。富士山が奥秩父・金峰山の上にのぞいている。槍・穂高は斜光で陰影がはっきりしている。鹿島槍、白馬三山が北に連なる。焼山、火打山は白く、妙高山は黒く見える。その手前に四阿山の裾野が左に長く延びている。右手に本白根山、そして平らな台地のような苗場山が横たわる。

わずかに休んで火口縁一周を開始。下のほうで、ゴーとかシューとかいう噴火口の音がしている。

一周し終え、快適に下る。歩き疲れて足は重かったが、小浅間にも寄ってみた。浅間山があらためて大きく見えた。

バイクでの帰路は、佐久から十石峠を越えた。峠からは、真横に噴煙をたなびかせる浅間山が見えた。

第二章 『百名山』の五合目に登る

『日本百名山』という本があることは耳にしていたが、タイミングよく新潮文庫（一九七八年十一月二十七日初版）として発行されたので購入する。浅間山で会った人が九十九山目であったことや、この本を手にしたことで百名山を強く意識することになる。

十二月初め、「日本徒歩横断」のために太平洋側に残していた空白区間をつないだ。あと二回で小田原の海岸に到達できそうだ。

一九七九年は「日本徒歩横断」完成に力を注ぎ、百名山の数はたいしてふえなかった。一九八〇年に、三千メートル峰を全部登り終えたころ、百名山に対するエネルギーが細り、八一年に五山、八二年に一山しかふえなかった。五十三山でバッタリと停止状態になる。

㉜宮之浦岳

１９３６ｍ　鹿児島県

年末年始は日本百名山のために九州の山に出かけることにした。百名山の分布を見ると、正月休暇に行けそうな山はどうしても南に限られてくる。特に屋久島の宮之浦岳は、時間的においそれと行けない気がした。この時期なら積雪も大したことはなさそうで、ぜひとも登りたくなった。念のためピッケルを携行することにした。ただ、宮之浦岳だけ登るのであれば、三つの季節が楽しめる晩春のころがおもしろいと思う。つまり、山頂には残雪、中腹が春、海岸はそろそろ夏のころだ。

鹿児島までの航空券の予約は完全にあきらめて、東京駅発博多行き新幹線の六時始発に乗った。西鹿児島駅（現鹿児島中央駅）に夕方着き、駅近くのビジネスホテルに泊まる。そこは風変わりなホテルで、一階ロビーには骨董品を数多く陳列していた。

鹿児島港を朝出航するとき、桜島の右からオレンジ色の太陽が出た。もくもくと噴

㉜宮之浦岳
1978年12月30日～1月2日

鹿児島港＝宮之浦港＝屋久杉ランド(13:55)－淀川小屋(16:40⌂7:45)－花之江河－黒味岳分岐(9:40)－黒味岳(10:05)－黒味岳分岐(10:30)－休憩(11:05～11:20)－宮之浦岳(12:50)－テント場(13:20㊡13:45)－永田岳(14:25㊡14:40)－テント場(15:15△8:05)－高塚小屋(10:35㊡10:55)－ウイルソン株(12:10㊡12:25)－小杉谷山荘(13:35)－辻峠(14:30)－林道(15:55)－楠川(17:35⌂)＝宮之浦港＝鹿児島港

き上がる噴煙まで黄色に染まった。

屋久島まで四時間。乗船客のなかには登山姿の人が何人かいた。錦江湾（きんこう）は静かだった。外洋も案外おだやかで助かった。屋久島に着く前、島の威容が目に入ってきた。太い峰々をたばねたようで、力強さが漂っている。

宮之浦港に着く。船内で会話した男性の車に乗せてもらえて、その日のうちに淀川小屋（よどごう）まで入る。途中の林道で猿が近寄ってきて、食べものをねだるような仕草をする。

小屋に着いて二階に上がる。小屋の中は薄暗い。ガソリンストーブの予熱がうまくいかず、数回試してみる。マッチを余分に消費してしまった。ほかの登山者がこちらを見ているような気がして、あせる。

朝、小屋そばのきれいな水の流れにため息をつく。実にゆったりと流れている。見上げると木々の一部に霧氷がついている。うるおいのある眺めだ。

花之江河（はなのえごう）は日本庭園らしいたたずまいだが、この季節は緑がほとんどなく、茶色っぽい景観となっている。枯れ山水か。細い流れは凍り、足をのせると滑りそうだ。黒味岳をピストンする。岩の上からは屋久島の高峰たちが見わたせる。空はねずみ色で、低くたれこめている。

宮之浦岳に登り、下った鞍部にテントを張る（現在は幕営禁止）。永田岳を往復する。最上部は大きな岩となり、かじりつくように登る。よほど断念しようかと思うぐらい登りにくかった。

夜は、ラジオで紅白歌合戦を途中まで聴く。

朝、テントの外が白くなっていた。昨日、深いところで二十センチ程度だった雪の上に、さらに朝にかけて若干新雪がまきちらされた。永田岳も全体が白くなっている。周囲にはテントが何張りかあり、外に出ているメンバーは三十人前後いる。

しばらく待っていたが、天候の好転は望めず、テントを撤収して下りにかかる。チラチラと雪が舞ってきた。木の幹の一方向にだけ雪が四、五センチくっついている。このあたりは風が強いのかもしれない。高度を下げるにしたがい、みぞれとなり、ついに雨になった。一カ月に三十五日降るという屋久島の雨。

高塚小屋は暗くじめっとしていた。ザックをおろす。サイドポケットがほの明るいので調べると、懐中電灯のスイッチが入ったままだった。

ザックをおろした登山者の背中からは湯気がたちのぼっている。こごえた指でレーズンを食べているうちに、背中の汗が冷えて、ブルッときた。雨は小降りになった。ウイルソン株や縄文杉などを見る。登山道には木の根が出っぱり、雨で歩きにくい。小杉谷の軌道跡は枕木の幅に合わせて歩く。単調だ。雨はやんでいる。楠川(くすがわ)に着く手前でまた雨に降られる。雨具のそでを通さないで、ザックを背負ったまま、その上からかぶる。

バス停で時刻を確かめていたら、近所の女の人が声をかけてきた。よかったら泊まっていけという。ちょっと躊躇したが、宮之浦港で旅館を探す面倒を考え、その人のあとについていく。夜、テレビを見ていたら、近所の中年の女性が来て、隣の部屋に入っていった。ふすまが開いているのでのぞくともなく見ると、ひとりが上半身肌を見せて寝そべり、もうひとりが何かお祈りをしている。立派な祭壇も見える。どうも、宗教心の厚い人のうちに上がりこんだようだ。この島から出してくれなかったらどうしようなどとあらぬ想像まででした。

朝、庭でとれたポンカンを数個もらったおかげでまたザックが重くなった。用意したピッケルは結局使わずじまいだった。

船の上から屋久島を振り返る。上部には雲がかかり、中腹までたれこめていた。

㉝ 開聞岳

924m　鹿児島県

鹿児島港に帰り、西鹿児島駅から開聞(かいもん)駅へ向かう。枚聞(ひらきき)神社へ、ニッカーボッカのまま初もうでする。雑踏のなかでタコ焼きを食べる。麓にある中学校の校庭で幕営。歩きやすい登山道だが、屋久島での疲労がたまったのか、足が重い。ゆっくり山頂に向かう。

登山道が山腹をらせん状に巻いているのが珍しい。つぎつぎに景色が変わる。すぐ下に海がひろがっている。高度がそのまま見え、爽快だ。

山頂には岩が多く、足場を確かめながら移動する。周囲の樹相はいかにも南国ムードだ。池田湖が見える。長崎鼻が鳥のクチバシのように錦江湾に突き出している。残念ながら屋久島はとらえることができなかった。

㉝開聞岳
1979年1月2～3日

西鹿児島駅＝開聞駅－中学校校庭（△6:50）－開聞岳（8:55 ㊡9:10）－中学校校庭（10:25）－開聞駅＝西鹿児島駅

下山後、開聞山麓香料園（ハーブ農園）に立ち寄る。この日は鹿児島市内まで移動し、ビジネスホテルに泊まる。

韓国岳（霧島山）

1700・1m　宮崎・鹿児島県

西鹿児島駅から霧島神宮駅へ向かう。錦江湾の桜島が大きい。線路が山あいに入り、高千穂峰（たかちほのみね）が見え隠れした。バスは林田温泉で乗り継ぐ。えびの高原は青い空の下にあった。硫黄の黄色、噴煙の白が紺碧の空と対比し、色あざやかに目を射る。

韓国岳（からくに）の斜面には霧氷の大群落（？）が見える。霧氷が溶けないうちに頂上に着こうとして、急ぎ足になる。いつもとは歩くペースがちがってくる。額に汗がにじむ。登山道脇のミヤマキリシマの枝の霧氷が、そよぐような風を受けただけでハラハラと散る。太陽の光で溶けてしまった跡もあり、残念だった。気があせる。

山頂はファミリー登山の人たちでにぎわっていた。噴火口は切れ落ちていて緊張する。高千穂峰方面につづく連山に目を奪われる。大浪池のはるか先に煙を吐く桜島が居座っている。

新燃岳の火口壁はおおらかさを感じさせ、その向こうに高千穂峰が秀麗な姿を誇る。縦走路は終始、明るかった。カヤトのなかにミヤマキリシマの群落があり、花をつけるころはさぞかしきれいなことだろうと思う。

新燃岳の火口壁上端に着いたとき、少し離れた地点に鹿がいた。すっくと立っている。望遠、望遠とつぶやきながらレンズを交換した。カメラを構えると同時に、鹿は火口へピョンピョン下り始めた。その身軽なこと。二回シャッターを押すのが精いっぱいだった。以後、目をこらしてみるが、鹿は二度と現われなかった。

あらためて景色を見直す。火口湖の色はエメラルドグリーンで、妖気を漂わせる。太陽光を反射し、湖面がうろこのようにキラキラ光る。風が吹き、光が小さくくだけて動く。噴気孔がシューシューと音をたてている。だれも登ってこない。高千穂峰は先ほどまで大きな輪郭として目に見

韓国岳（霧島山）
1979年1月4日

西鹿児島駅＝霧島神宮駅＝林田温泉＝えびの高原（10：40）－韓国岳（12：00㊡12：15）－新燃岳（13：40）－高千穂河原（15：05）＝霧島神宮＝霧島神宮駅＝西鹿児島駅

韓国岳から縦走して新燃岳近くから。秀麗な高千穂峰が目を引く。右は中岳

えたが、近づくにつれ、赤い山肌や雨でできた深いひだが目立ってきた。高千穂峰が、抽象的な姿から具体的な対象に変化した。

高千穂河原に下り、高千穂峰に登ろうかとも思ったが、疲れきり、気力がなえて断念する。これでは霧島山に登ったことにならないかもしれないと不安になったが、今回は二分の一山と計算してもいい。またいずれ来るまで楽しみを残しておこう。

鹿児島への帰途、霧島神宮に立ち寄る。初もうでの晴れやかな人たちにまじって登山姿で歩くのは、毎度のことながら違和感がある。（高千穂峰登山は179ページ参照）

㉞ 両神山

1723・3m　埼玉県

白井差（しろいざす）の集落手前までバイクで入る。車道の雪が凍りつき、二輪車は不安だ。危険を感じ、バイクを停める。ニッカーボッカにはき替える。バイクで風を受けた足が冷えきり、歩き始めのステップがギクシャクする。ゆっくり歩くしかない。雪面に登山靴の底がくいつき、キュッキュッと小気味よい。

稜線上には、深い個所で二十〜三十センチの積雪。踏み跡があり、雪による歩きにくさはない。

頂上は狭く、神社が祀られている。雪はない。休んでいる場所の近くを登山者が通るたびに体をよける。落ち着かない。

浅間山が見える。あとは目立った山が見えず、展望は楽しめなかった。

もと来た道をたどる。盛り上がりに欠けて、さっさと一山すませてしまったような気分になる。

□

百名山より、「日本徒歩横断」のほうが気になって仕方がない。今年中に決着をつけるか、来年にまわすか迷う。

一月に、箱根駒ヶ岳から芦ノ湖をへて、小田原市御幸ノ浜まで歩き、太平洋岸に到達した。残る日本海側は、葛温泉から白馬岳、栂海新道をへて親不知海岸までだ。うまくいけば二回、無難なところで三回に分割すればいい状態となる。

㉞両神山

1979年2月3日

林道（13:15）－白井差（13:45）－分岐（14:55）－両神山（15:50）－分岐（16:25）－白井差（17:00）－林道（17:18）

七月初旬、梅雨明け宣言を待たずに、葛温泉から入山。ブナ立尾根の急登を覚悟し、東京電力・葛荷物取扱所に登山計画書を提出したところ、烏帽子岳から七倉岳にかけては稜線の大崩壊のため、コースを変更するようにとの指示を受ける。やむなく、山ノ神トンネル手前から船窪新道へのコースをとる。しかし、こちらもかなりの急登だった。

たどり着いた船窪小屋は、私が今季初めての宿泊者とのことで、地酒などで歓待される。翌日、新越乗越の手前で残雪のために道を見失い、ウロウロして約二十分のロス。日本横断プランもすんなりとは進まない。扇沢へ下り、ひとまず帰京。

日本徒歩横断
親不知
白馬岳
五竜岳
鹿島槍ヶ岳
立山
水晶岳
鷲羽岳
槍ヶ岳
奥穂高岳
美ヶ原
松本
沢渡
乗鞍岳
蓼科山
霧ヶ峰
赤岳
瑞牆山
甲武信ヶ岳
雲取山
御嶽山
甲斐駒ヶ岳
鳳凰山
茅ヶ岳
仙丈ヶ岳
韮崎
北岳
塩見岳
大菩薩嶺
相模湖
悪沢岳
赤石岳
丹沢山
光岳
富士山
箱根駒ヶ岳
小田原
御幸ノ浜
0
50km

35 鹿島槍ヶ岳　36 五竜岳

〈鹿島槍ヶ岳〉２８８９・２ｍ（南峰）　富山・長野県　〈五竜岳〉２８１４ｍ　富山・長野県

八月、八方尾根まで北上することにした。このルート上には、百名山は鹿島槍ヶ岳、五竜岳の二山がある。

三年前に北岳で一緒になった三人と同行する。扇沢からまず爺ヶ岳をめざす。雨がポツリポツリくる。稜線に出たころ、雨は本格的になる。冷池山荘に飛びこむ。

外が雨のため、小屋内は夕食の準備をする登山者でごったがえす。学生のパーティの食事当番が、トイレの手洗い水で米を研ごうとしてクレゾール液入りの水を入れてしまい、下級生同士、鳩首会談をしていた。

夜半も強い雨。

夜が明けるが、雨は小降りになったり強くなったりで、落ち着かない。登山者の動きがにぶい。半身をふとんから出し、地図を広げて窓外を見る。また地図に見入る。エスケープ・ルートなどを点検。再びふとんにもぐる。

雲に切れ間が見え、出発する。鹿島槍ヶ岳の手前の長い稜線では、信州側から白い霧が押し寄せ、稜線にくっきり境目がつく。

鹿島槍ヶ岳の南峰に着く。霧にはばまれて大きな展望はない。縦走路と分かれ、北峰に向かう。人はあまりいない。五竜岳が近い。ときどき霧が切れて遠くの山が見え隠れする。槍、穂高、立山、剱岳が顔を出す。

縦走路に戻る。雨は断続的に降る。

キレット小屋にたどり着く。雨具からしずくをたらしながらコンロに火をつけて、さっさと食事をすませる。

㉟鹿島槍ヶ岳
㊱五竜岳
1979年8月3〜5日

信濃大町駅＝扇沢(6:10)－種池山荘(9:50㊡11:00)－爺ヶ岳(11:45)－冷池山荘(12:45⌂7:35)－布引岳－鹿島槍ヶ岳・南峰(9:10)－北峰往復(9:45)－キレット小屋(11:20㊡12:15)－五竜岳(15:00㊡16:05)－五竜山荘(16:40⌂7:10)－唐松岳頂上山荘(9:05)－黒菱平(12:30)－八方＝白馬駅

岩や針金、鉄のハシゴにさわると冷たい。雨に冷やされた展望のない道は進むしかない。五竜岳の手前の岩場は下方が見えず、恐怖感が薄らいで通過する。

五竜岳頂上で雲がはらわれ、日がさしてくる。久しぶりの太陽だ。突然、ブロッケン現象が現われ、写真を撮ろうとして岩の上を跳び歩いたら、足場がグラッときて転倒。浮き石だった。さいわいケガはなかった。

五竜岳から五竜山荘までは晴れた気分で下る。太陽の光を浴び、景色に色が戻る。

今回の山行は悪天つづきだったが、それを最後に逆転してくれたような演出に対して、単純にうれしくなった。

翌日、唐松山荘を経由して、八方尾根を下った。

㊲ 白馬岳

2932・3m　富山・長野県

「日本徒歩横断」を今回で完成させるため、前回下った八方尾根を登る。
快晴で、日焼けが心配だ。八方池からは、鹿島槍ヶ岳、不帰（かえらず）ノ嶮（けん）、白馬岳などがよく見える。稜線に出ると、岩のゴツゴツした剱岳や立山が目に飛びこんできた。
唐松岳山頂は大勢の人が陣どっていた
不帰ノ嶮は地図に「難路」とあり、身のひきしまる思いがする。岩場がつづく。三点確保を忠実に守る。ときどき動きを止め、周囲を眺める。呼吸をおだやかに保ち、ゆっくり動く。出発前にはかなり緊張していたのに、通過してしまうとなんということはなかった。

天狗の大下りは、逆コースからは〝大登り〟となる。とにかく登るしかない。急斜面で何回も立ちどまる。何度、上を見、下を見たことか。

㊲白馬岳

1979年8月15〜18日

白馬駅＝八方－黒菱平（7：00）－八方池（8：10）－唐松岳頂上山荘（10：25㊡10：45）－唐松岳－不帰キレット（13：15）－天狗ノ頭（14：25）－天狗山荘（15：30⌂5：30）－白馬鑓ヶ岳（6：30）－杓子岳（7：20）－白馬山荘（9：00㊡9：30）－白馬岳（9：45）－三国境－鉢ヶ岳（11：10㊡11：25）－雪倉避難小屋（11：40）－雪倉岳（12：20）－小桜ヶ原（14：05）－朝日小屋（15：50⌂5：30）－朝日岳（6：25）－アヤメ平（8：20㊡8：40）－黒岩平（9：30㊡10：40）－文子ノ池（11：30）－サワガニ山（12：30）－水場（13：16㊡13：30）－犬ヶ岳（14：10）－栂海山荘（14：25⌂5：30）－黄蓮ノ水（6：45㊡7：00）－菊石山（8：00）－水場（9：30㊡9：45）－白鳥山（10：00）－休憩（10：30〜10：50）－尻高山（13：00）－親不知（14：50）＝青海駅

天狗山荘前の水場にたどり着いたときは心の底からホッとした。ヘナヘナと座りこみ、雪渓の尻から出る冷たい水に口をつける。体のすみずみにしみわたるようだ。思い起こせば、船窪岳あたりからこの辺まで水には恵まれず、どこか息苦しかった。小屋でわけてもらう水一リットルはガソリン一リットルと似たような値段だ。それがここではタダ。流し放題の水をあらためて飲む。

その夜は天狗山荘泊。

朝、白馬鑓ヶ岳の白いザレた山体が目につく。

白馬鑓ヶ岳、杓子岳を通過し、白馬岳に達する。山頂は登山者でにぎわっていた。信州側からジワジワと雲がわいてきた。これから向かう朝日岳方面を望み、自分の内部に気合いを入れる。

三国境（さんごくざかい）を越し、ザレた岩の上を歩く。雪倉岳あたりでは霧につつまれ、気持ちが沈んでくる。朝日岳が近づくにつれて池や草原の景色が多くなり、やや気分がなごんだ。

その日は朝日小屋泊まりとなった。朝日小屋では、ジョッキでビールを飲ませてくれて、思わずニッコリ。夕食はスキヤキで、宿泊者がニコニコ顔だった。

朝、小屋前で山岳写真家の白籏史朗氏を見る。何か意味ありげに空を見上げている。そばに助手が二人いて、同じような仕草をしているのがなにかおかしかった。

今日はいよいよ犬ヶ岳をめざす日だ。

途中の黒岩平は、うわさどおりの楽園だった。Tシャツを沢の水で洗い、ぬれたまま着る。ヒンヤリとして気持ちがいい。カメラだけ下げ、近くの池塘めぐりをする。ひとりぼっちの草原に身を沈める。顔の向きを変えるたびに耳の近くで草がこすれて、

杓子岳から望む白馬岳（中央）。稜線の長野県側は鋭く切れ落ちている

大きな音になる。

犬ヶ岳の先の栂海山荘では女性の単独行者がいた。関西から来た男性単独行者などを合わせ、宿泊者は計五人。夜空の人工衛星や日本海沿岸の集落の灯などを一緒に見る。霧でも出てきたのか、海岸線の灯がにじんで見えた。

翌日は台風接近で、どことなく木々がざわついている。黄蓮（おうれん）ノ水へ行く途中、ポリタンクを谷へ落としてしまったが、もう一個持っていたので助かった。

親不知海岸へ着くころ、水着姿の海水浴客とすれちがい、重い登山靴姿とはチグハグな取り合わせとなる。

親不知海岸にて。台風が接近して波が高くなり、海水浴客は姿を消していた

海が見えたとき、ついに来たのかと感きわまり、涙ぐみ、知らずのうちにこぶしを握りしめていた。

よしず張りの海の家は開店休業状態。そこの主人が、「山では生ものが食べられなかっただろう」と天然ものの生ガキをごちそうしてくれる。缶ビールを飲み、ひとりで「日本徒歩横断」を祝う。

□

「日本徒歩横断」が終わり、それまでの緊張感がゆるんだ。これからは何をテーマにしようかとあれこれ考えるが、なかなか見つからない。

三千メートル以上の山は、と調べ

てみる。全二十七山のうち残っているのは、赤石岳、小赤石岳、聖岳、荒川中岳、荒川前岳、三峰岳（当時の資料では三千メートル以上との表記があったが、現在二九九九メートル）、塩見岳、乗鞍岳の八山。そのうちの四山が百名山だ。八山登るには三回は出かけなくてはいけない。けっして負担になる回数ではない。

㊳ 那須岳

1915m（茶臼岳）／1916・9m（三本槍岳）　福島・栃木県

茶臼岳には社員旅行で登る。ロープウェイに乗り、わいわい騒ぎながら最高所に着いた。山頂の先は、シューシューと噴気孔が音をたてていた。ときどき、白い蒸気が風に吹かれ、視界をさえぎる。谷川岳から那須岳まで縦走したとの記念標識があった。歩いた線をつなぐ同類に親しみを覚える。

社員旅行は新甲子温泉で泊まり、次の日に現地解散となる。

ひとり、甲子温泉に向かう。時間たっぷりで、何回も温泉に入る。地元の家族連れ

㊳那須岳
1979年9月20日～23日

那須ロープウェイ駅－茶臼山往復＝新甲子温泉⌂＝甲子温泉（⌂6:00）－甲子山－須立山－三本槍岳（13：00）－三斗小屋温泉（15:40⌂7:45）－峰ノ茶屋（8:50朝日岳往復10:10）－南月山－南ヶ丘牧場（14:00）＝黒磯駅

なども入ってきて、おおらかな混浴となる。

次の日、甲子山への登りでは足が上がらず、苦しい。こんなハズではない。思いあたるのは温泉に入りすぎたこと。たしかに入湯回数が多く、湯に疲れたのかもしれない。

甲子山まで木の葉の生い茂るなかを歩く。坊主沼の避難小屋は草のなかで、夏は相当に暑そうだ。

那須連峰の最高峰・三本槍岳から三斗（さんと）小屋温泉に下る。小屋の手前で通り雨に遭う。一泊。

翌日は快晴。峰ノ茶屋の手前から茶臼岳を望む。白煙をあげて荒々しい面を見せている。朝日岳往復。

茶臼岳の近くを通るとき、白い噴煙にくるまれ、瞬間的に登山道が見えなくなる。南月山（がっさん）から、不明瞭な個所をまじえながら南ヶ丘牧場へたどり着く。観光客とともにバスに乗りこみ、黒磯駅に出た。□

一九七九年十月、木曽の御嶽山が噴火した。七六年九月に登り終えていたので、自分としてはひと安心する。だが、地球規模で考えれば三年の差はほんの一瞬である。危なかったとも思う。

39 早池峰山

1917m　岩手県

東北の山に登る気持ちは今までなかったが、どこかひとつぐらい歩いてみたいと思い、選んだのが早池峰山（はやちね）。エーデルワイスの近種ハヤチネウスユキソウで有名だ。柳田国男『遠野物語』のイメージもダブる。

朝一番の特急で上野から花巻に向かう。バスで河原ノ坊着。炎天下を歩きだす。石のゴロゴロした沢沿いのルートで、ハヤチネウスユキソウが姿を現わす。葉は粉をふいた花びらのように見え、淡雪をまとったようでもある。

今日は頂上の小屋に泊まるだけの日程だからと、のんびり歩く。下山する人とのすれちがいが多く、登る人はほとんどいない。

山頂には露岩がある。どことなくやさしさをたたえていて、周辺を散策してみたくなるようなたたずまいだ。岩手山が地図でそれとわかった。東北地方の山にはなじみがなく、それ以外の山はよくわからない。

山登りは、いきなりその土地へのりこんでいって登るより、麓なり、どこかの山から一度は眺めたうえで登るほうがいいと思う。そのほうが、登る心の持ちようや、山を受けいれる態勢にとっては自然ではないだろうか。

㊴ 早池峰山

1980年7月20～21日

花巻駅＝河原ノ坊（15：45）－頭垢離（16：30㊡16：40）－早池峰山（18：00⌂4：30）－中岳（5：40㊡6：00）－鶏頭山（8：00㊡8：10）－岳（9：40）＝石鳥谷駅

日没時、岩手山が影絵のように頭を出していた。天空は明るいが、下方の沢筋には闇が押し寄せていた。身をすくめて小屋に戻る。当夜の宿泊客は数人いたが、ほとんど東京方面からの人たちのようだった。

この小屋はご来光を見るのにも都合がよい。東の空は雲海になり、日の出は遅れた。頭上には夏の青空がひろがる。

中岳、鶏頭山を縦走する。明るくて気持ちのよい尾根だが、ところどころぬかるみがあり、登山靴は黒い土で汚れた。あまりの汚れ方に感心（?）し、急に写真に撮っておきたくなった。岩に腰かけて、足を前に突き出し、空を背景にシャッターを押す。

尾根からは、薬師岳のスッキリした稜線が見えて気持ちがすがすがしくなる。近くの木の枝に鳥が飛んできた。あとで調べると、どうもホシガラスらしい。大きな図体をしていたので驚いた。一瞬、『遠野物語』の世界を連想させる。

岳（だけ）の集落へ下り、バスの時刻まで早池峰神社などを見てまわった。

古い宿が何軒かあり、往時の登拝客の多さを感じさせた。

40 仙丈ヶ岳 41 甲斐駒ヶ岳

〈仙丈ヶ岳〉3032・9m 山梨・長野県 〈甲斐駒ヶ岳〉2967m 山梨・長野県

三千メートル以上の登り残しを片付けるために、まず仙丈ヶ岳、甲斐駒ヶ岳に登ることにした。

広河原から北沢峠まで歩く。

長いスーパー林道の途中で、甲斐駒の一部が白い肌を見せる。

㊵仙丈ヶ岳
㊶甲斐駒ヶ岳
1980年7月26～28日

甲府駅＝広河原（9：15）－北沢橋（11：00）－北沢峠（12：15）－大平小屋（12：30㊡12：45）－馬ノ背ヒュッテ（14：50⌂5：15）－仙丈小屋（5：55㊡6：15）－仙丈ヶ岳（6：40㊡6：55）－小仙丈岳（7：30㊡7：50）－北沢峠（9：25㊡9：50）－双児山（11：30㊡11：55）－駒津峰（12：45）－甲斐駒ヶ岳（14：10㊡14：45）－七丈小屋（16：10⌂5：20）－五合目（5：55㊡6：10）－笹ノ平（7：30）－横手駒ヶ岳神社（9：00）－横手（9：20）＝日野春駅

大平（おおだいら）小屋前には休憩の人がたむろしていた。

馬ノ背ヒュッテで泊まることにする。食事を終えたころ雨が降り始め、小屋にかけこんでくる人が相次ぐ。見るまに狭い小屋はいっぱいになる。土間には登山靴がひしめきあう。早めに食事を終えていてよかった。

朝になっても空ははっきりしない。霧のなかを登る。

仙丈小屋をのぞいてみる。行動をためらっている登山者の表情がさえない。

頂上に向かう。霧におおわれたままで終わるのかと思っていたら、急に霧に濃淡ができ、そのベールを通して空に青味がのぞいた。青空だ。ごく自然に笑みがこぼれてきた。

景色全部が見えるのもいいが、霧の切れ間に見え隠れする景色も捨てがたい。陽があたり、草の緑が輝く。空の青さと緑との組み合わせが目に心地よい。

小仙丈ヶ岳まで稜線漫歩となったが、下るにつれ再び雲が出て、仙丈ヶ岳が姿を隠してしまった。

仙丈ヶ岳から北沢峠に下り、その足で甲斐駒ヶ岳に向かう。

双児山（ふたごやま）でカメラを拾得した。カメラは手製の袋に入れてあり、持ち主は物を大切に扱う性格だと直感した。忘れた人が登りの人か下りの人かわからず、七合目の七丈（しちじょう）小屋に届けるつもりで持ち歩く。北沢峠方面へ下る人に私の名刺を渡し、北沢峠の小屋への伝言を託す。伝言の内容は「カメラは七合目の小屋にあずけておきます」とした。

駒津峰からは岩場コースの下側にあるコースを登る。足が疲れて、前に進まない。花崗岩の白い砂の上はステップがきかず、踏んばってもズルッと下がり気味になる。エネルギーを余分にロスし、ますます登りにくい。足が重くて、膝が上がらない。口で息をする。白い砂がまぶしい。頂上はもうそこだというのに、はかどらないまどろこしさ。摩利支天に立ち寄る気力はない。

登り着いた頂上では、霧のため展望が得られなかった。

七合目への途中、鳳凰三山（地蔵岳、観音岳、薬師岳）の地蔵岳のオベリスクが見えた。八ヶ岳の稜線は雲に隠れ、裾野しか見せてくれない。

七合目の小屋に行き、小屋番にカメラを渡す。いちおうなすべきことをすませたとひと安心する。

しかし下山後に判明したことだが、カメラは落とし主のO氏に返っていないとのこと。O氏は、北沢峠の小屋に届いた私の名刺裏を見て、七合目の小屋に保管されていることを知るが、登り返す時間がなく、郵送料を小屋にあずけて神奈川県の自宅に帰る。O氏へカメラが送られていないことを知り、七合目の小屋番が下山した時期に私が電話してみたところ、小屋にカメラを取りに来た人がいたので渡したとのこと。その人の連絡先は聞いていないという。どうもカメラ紛失ケースが重なったようだ。山梨県のレンジャー部隊にも問い合わせてみたが、その前後、そのカメラについての情報は関知していないとの返事があった。拾得物は最寄りの警察署に届けるのが最良だと思い知り、反省する。

いろいろな行き違いが重なったのだが、O氏が今後この山域には行きたくないともらしているのを聞き、私も責任を感じ、後悔した。

七合目の小屋に一泊後、横手駒ヶ岳神社に下る。急坂があり、かなり疲れた。しかし、気温の上がらない涼しいうちに下山したので、多少なりとも暑さを避けることができた。

㊷ 剣山

1955m　徳島県

郷里の香川県へ帰ったときに足を延ばした。

琴平駅から土讃本線を利用する。阿波池田駅で乗り換え、貞光（さだみつ）駅からバスに乗る。バスは、これでもかこれでもかといわんばかりに山奥へとつき進む。四国山地の深いことをあらためて知った。

剣山直下のバス停に着く。リフトがあるが、わずかの登りなので、当然歩く。大剣（おおつるぎ）神社を見る。登山道の両脇には木や草の緑が豊かに茂っている。道幅は広くはない。会う人はまれで、実に静かだ。

山頂には、リフトで来た人がたくさんいた。ザレた砂が一部露出しているが、斜面は緑におおわれている。霧が流れ、眺望はなかった。

㊷剣山
1980年8月14日
貞光駅＝見ノ越(9:25)－リフト西島駅(10:10)－剣山(10:50㊡11:20)－リフト西島駅(11:50)－見ノ越(12:20)＝貞光駅

歩く距離が短く、景観が楽しめず、ものたりない気持ちで往路を下った。バスは途中でエンジンを冷やすために休みをとる。かたわらに農村歌舞伎用の舞台があった。のどかな集落だ。

祖谷(いや)のカズラ橋を周遊し、琴平の実家に帰り着いた。

43 塩見岳

3052m(東峰) 長野・静岡県

広河原から大樺沢(おおかんば)を登る。初夏のころに比べると、雪渓の残雪はだいぶ細っている。山は秋の化粧をし始めていた。空気は乾き、ひんやりしている。日ざしがマイルドになり、盛夏のあの激しい光線はどこにも見あたらない。そよ風が登る者に適度な涼しさを与えてくれる。登山者の姿のない道を、足の動きにまかせて自由な気持ちで歩く。八本歯のコルを経由して北岳に達した。予想以上に歩行のピッチがあがり、北岳山荘を見送り、熊ノ平小屋まで足を延ばすことにする。

中白峰を過ぎたあたりで、昼寝中の女性単独行者を追い抜く。間ノ岳で休んでいると、その女性があとから登ってきた。熊ノ平へ行くという。

途中、三峰岳を通過する。

熊ノ平小屋からは農鳥岳が大きく見える。その上空には、素直でまっすぐな性格の人が刷毛ではいたような雲が流れていた。

日が暮れて、早めに寝た。女性の単独行者は小屋番たちと遅くまで酒を飲んでいたようだ。

朝、水を詰めて小屋を出る。

㊸塩見岳
1980年9月13～15日

甲府駅＝広河原(4:30)－二俣(7:00)－八本歯のコル(9:40)－北岳(10:35㊡10:50)－北岳山荘(12:00㊡12:30)－中白峰(13:05)－間ノ岳(14:00)－三峰岳(14:30)－熊ノ平小屋(15:25⌂6:10)－塩見岳(11:00㊡11:35)－塩見小屋(12:30㊡13:00)－本谷山(14:30)－三伏峠(15:40⌂5:40)－水場(6:40)－取付(7:10)－塩川(7:50)－バス乗り場(8:05)＝伊那大島駅

稜線まで静寂のなかを進む。草木が霜で白く、枯れ野原となっている。空気が冷えきって動かない。まるで空気が硬くなったように感じられる。一歩一歩、その硬さを砕くように足を運ぶ。ウールの手袋を用意していてよかった。

空は晴れわたっている。稜線からは中央アルプスがよく見えた。そのなかでも宝剣岳は手前にカールがあり、すぐにわかった。その右手に北アルプスが望め、乗鞍、槍・穂高も確認できる。

塩見岳頂上に着く。富士山をはじめ、南アルプス南部がよく望めた。晴天の恵みを感じる。

三伏峠（さんぷく）に向かう途中、木（こ）の間越しに見えた塩見岳はピラミッド形をしていた。熊ノ平方面からは半円形の丸みをもった形を見つづけていたので、この方向からは新鮮に見える。

三伏小屋での宿泊者はただひとり。小屋番がハチミツの入った瓶に湯を注ぎ、溶けた分だけを飲んでいた。これがおやつだよ、と小屋番が人なつっこく笑う。

夕方ごろ、小屋番と一緒に三伏山まで夕日を見に行く。みちみち、いろいろな話をしてくれる。廃道となった三伏沢の道で、以前、死体が発見されたという。また、塩見岳までの道で硫黄のにおいのする場所があり、ある人は火山性のものではないかと推測しているらしいとか、その他もろもろ。

三伏山に立ったころ、雲が一掃され、小河内岳（おごうち）の向こうに千枚岳、悪沢岳の一部、赤石岳、聖岳などが見える。

小屋に戻る。広い板の間のどこに寝てもよさそうなものだが、入口近くに寝袋を広げる。

三伏峠からの下りは急勾配で、足にこたえた。途中の水場はチョロチョロ水だが登山者にとってはオアシスだ。沢に下るとなだらかな道となる。

塩川からバスに乗り、飯田線伊那大島駅へ出た。

㊹乗鞍岳

3025・7m　長野・岐阜県

三千メートル以上の山の登り残しがやはり気になり、乗鞍岳へ出向く。観光客にまじり、山頂付近の駐車場までバスを利用する。頂上からは鈴蘭まで歩くことにする。中腹の紅葉が見ごろで、バスが数分間、臨時停車してくれた。

バスターミナルから小屋までの道は幅広く、かなりの悪天候でも道に迷うことはなさそうだ。

肩ノ小屋に泊まる。

㊹乗鞍岳

1980年10月3～4日

松本駅＝新島々駅＝畳平バスターミナル（14：40）－肩ノ小屋（15：10）－乗鞍岳（15：50㊡16：25）－肩ノ小屋（17：00⌂6：30）－頂上往復－肩ノ小屋（7：30㊡8：30）－位ヶ原山荘（10：45）－三本滝（12：40㊡13：10）－鈴蘭（14：10）＝新島々駅＝松本駅

頂上への道は岩や石の上につけられ、高山帯の様相を呈している。雲海がひろがり、輝いている。この秋になってから何度か雪が降ったらしく、かなり広い範囲が白くなっている。太陽のあたらない部分にはクラスト状（雪の表面がパンの皮のように堅くなったもの）に残っているが、根雪と呼ぶには貧弱だ。風は冷たい。身がひきしまる思いだ。

最高所からの眺望で、ひときわ目立つのが御嶽だ。御嶽は、八ヶ岳方面からは台形のどっしりした山体に見えるが、ここからはスッキリした三角形に姿を変える。裾野のひろがるさまが優美で、上品さが感じられる。北側に目を転じると、焼岳や穂高連峰が近い。景観は三百六十度というより目立つポイントが南北の縦に並びすぎていて、なにかものたりない。しかし、三千メートルの頂から三千メートルの峰を間近に、それも二方向に見るというのはおもしろい。

落ち着いて、左のほうから峰々を点検する。近くに笠ヶ岳、その向こうに黒部五郎岳、その奥に薬師岳。右に移って、最奥に剱岳、立山、そして野口五郎岳、奥のほうに白馬岳。その右手、槍ヶ岳に隠れるようにひそんでいるのは五竜岳か鹿島槍か？

肩ノ小屋から乗鞍岳（右）をめざす。前夜に降雪を見たが、この日は晴れた

浅間の噴煙が長くたなびいている。八ヶ岳が横に長い。南アルプスはどうか。甲斐駒、仙丈、北岳、その向こうに富士山が見え、間ノ岳、塩見岳がつづく。さらに悪沢岳、赤石岳、聖岳、そして中央アルプスとなる。

下りは駐車場まで戻り、初めはアスファルトの道を歩き、途中から山道に入った。だれにも会わない。すぐ近くの車道には多くの人々がバスや車で行き交っているというのに。

三本滝でひと休みする。落下する滝に近寄り、手にすくって飲む。水が散乱し、すくえた水量はわずかで、顔や肩に受けるほうが多かった。ひと息つく。秋の空が青い。

㊺赤石岳 ㊻聖岳

〈赤石岳〉３１２０・５ｍ　長野・静岡県　〈聖岳〉３０１３ｍ　長野・静岡県

百名山完登への道は遠い。現時点で四十四山。それに比べると、三千メートル峰完登は目前だ。残りは、赤石岳、聖岳方面だ。新雪が来ているかもしれないと思いながら出かけた。

畑薙（はたなぎ）第一ダムからリムジンバスに乗り、椹島から歩き始める。

林道とからむように登山道がついている。以前に来たときより伐採がすすみ、突然明るい地形に出たのにはびっくり。前回は樹林のなかで、さすがに南アルプスだなあと感心したり、畏（おそ）れに似た気持ちで歩いたのに。

千枚小屋は四年前と同じように私を迎えいれてくれた。

朝、小屋からわずかに登った地点で振り返ると、富士山の肩から太陽が出た。寒気が襟から入ってくる。防寒着の首筋をしめなおす。オレンジ色の空をバックに、富士山が黒い。南アルプスからの富士は、頂上部の両端に特徴ある突起を見せる。

歩き始めは体が硬く、呼吸が整わない。ひと息吸うたびに、気道に冷気がささくれだつような感じがする。大きく吸わないで、おそるおそる遠慮がちに吸う。

登山道がカチンカチンに凍り、小石などに靴をのせると、その突起が足裏にピクッと伝わってくる。凍てついた登山道に足がすぐになじまない。靴の中で、乾いた靴下が滑り、しっくりこない。歩いて少し汗ばむほうが靴と一体感をもてる。こういうときはゆっくり歩くにかぎる。

悪沢岳からは赤石岳が大きく見えた。前回は霧に巻かれ気味だったが、今回は展望が開けている。

荒川中岳を過ぎ、荒川前岳の先まで行ってみる。不安定な斜面の雪を踏む。引き返して、荒川小屋への下りになる。斜面に雪が多くなり、スパッツをつける。荒川小屋までは夏道どおりに歩かず、雪の上を選んで自分勝手なコースをとる。小屋にはだれもいなかった。ひと気のない小

㊺赤石岳
㊻聖岳

1980年11月1～4日

金谷駅＝井川駅＝畑薙第一ダム＝椹島(11:30)－清水平(14:00)－千枚小屋(16:45⌂6:00)－千枚岳(6:40)－悪沢岳(8:05)－荒川中岳(9:20)－荒川前岳－荒川小屋(10:45)－大聖寺平(11:30)－赤石岳(13:45)－百間洞山ノ家(16:10⌂6:10)－中盛丸山(7:30)－小兎岳(8:25)－兎岳(9:15㊡9:45)－聖岳(11:55㊡13:00)－小聖岳(13:40)－聖平小屋(14:40⌂5:35)－吊橋(7:50)－聖沢登山口(8:30)＝畑薙第一ダム＝新静岡駅

屋はさびしい。

大聖寺平(だいしょうじ)へは、一本のわかりやすい道が延びている。安易な気持ちで歩いていたが、途中から風が強くなり、思うように進めない。防寒着のフードがパタパタとはためいて、うるさい。顔面に風を受けると息が苦しい。うつむき加減に歩く。向かい風に体を起こされ、うしろへ引き戻される。前傾姿勢をとる。立ち合いの相撲の力士のように、手をつき、足を踏んばる。右手の斜面に倒れこみ、風が弱まるのを待つ。間断のない風だ。通常、風は吹いたりやんだりして、あたかも呼吸しているように感じることがあるが、この風はその気配を見せない。立ちあがろうとするが、体がよろめく。大聖寺平まで行けないかもしれない。不安がよぎる。日程の変更は痛い。わずかでも前に進めばそのうちに着くだろうと、楽観的になろうと努める。

やっとの思いで大聖寺平の広いところへ出る。赤石岳方面へ登り、大きな岩陰に身を隠す。大きな息をつき、つばを飲みこむ。あの風はいったいなんだったんだろう。ジェットストリームの影響かなと想像する。

小赤石岳への稜線では不思議なことに風はなく、積雪が見られた。やわらかく、フワッとした雪に踏み跡が残っている。次第に霧が出てきた。

赤石岳頂上はねずみ色の霧のなかで、薄暗い。登頂の証拠写真を撮り、汗が冷えきらないうちに下り始める。

百間平（ひゃっけん）へ下る。途中、霧のため夏道を見失い、腰までの雪のなかを泳ぐように渡る。大変なことになったと思いつつ進んでいたら、ひょこっと夏道に出る。百間平は広いが、運よく霧がまばらになり、迷わずにすんだ。

百間洞（ぼら）山ノ家は同宿者四人。薄暮となり、小屋の中は暗い。先住者の顔が見えないまま、あいさつの声だけをかわした。

百間洞山ノ家からの登りは樹林のなかを歩く。昨日同様、凍ったような固い道に靴底がなじまない。冷気のなか、ウォーミングアップをかねてゆっくり進む。ダケカンバが少なくなり、ハイマツが現われて稜線に出る。申し分のない天候で、足がよく動く。食料の荷が減ったり、体が山に慣れてきたおかげかもしれない。

中盛丸山はこぢんまりした風景でなじみやすい。

兎岳（うさぎ）に登りつく。赤石岳が秋の太陽を受けて明瞭に見える。昨日は霧のなかをさまようように歩いたその頂上部が今日はクリアーに望める。

兎岳で展望をむさぼる。南アルプスの北部に目をやる。仙丈ヶ岳、甲斐駒、塩見、間ノ岳、荒川三山、赤石岳などがおのおの目立とうとするかのように高さを競う。体をよじると、聖岳、上河内岳、光岳（てかり）など南アルプス南部の雄峰たちが並ぶ。

聖岳への道には、日陰に三十センチほどの積雪。これぐらいの雪は気にならなくなった。もっとも、これは天候がよいから、そんな余裕のある気持ちになるのだろう。

聖岳山頂に到着。秋の冷涼な空気にさらされる。今回の山行のほとんどが終わったような気持ちになり、思う存分景色を楽しむ。かすかに風が出てきたが、日ざしは依然まぶしい。赤石岳が大きい。その向こうに悪沢岳が見える。兎岳からの展望に比べ、南アルプス北部は赤石岳に隠されて、眺めが限られる。

だれもいない山頂で、風を避けて昼寝をする。寒さに目が覚める。風の向きが変わったようだ。太陽が傾き、近くの青かった山肌は紫色をおびてきた。

下りは岩がザクザクして滑りやすい。恐竜の背中のような上河内岳などを目の前にしながら、足は軽い。ところどころ、木の幹にエビのシッポがついている。

次第に樹林帯になり、聖平小屋に着く。小屋には七、八人の登山者がいた。

朝、コンロで失敗した。ホワイトガソリンが途中でなくなり、給油した際、コンロ本体にこぼした油に気づかず、引火させてしまった。コンロが火ダルマになる。通路をはさんで寝ていた人が、「爆発するゥーッ」とわめきながら、即座に靴をつっかけた。彼はコンロに走り寄り、思いきりけとばした。何回か転がされた私のコンロは小屋の外にはじき出された。こちらはあっけにとられて見ているだけ。小屋の外へ出てみると、コンロ外部の油は燃えつきて、バーナー部から青い炎を出し、正常に作動していた。ちょっと人騒がせなプレヒート（予熱）だった。

コンロをけとばしたのとは別の二人パーティは、これから赤石岳方面に行く予定だが、コンロが不調で火が使えなくなったという。こちらは下山するだけなので、火ダルマ事件を起こしたコンロを貸し、あとで郵送してもらうことにする。

聖平小屋から下る。途中でウールの手袋をとり、長そでシャツをしまいこむ。Ｔシャツは歩いているときは快適だったが、ひと休みしていると、すぐ寒くなる。広葉樹林帯の黄葉紅葉に太陽光線があたり、登山道が明るい。

林道に出て、リムジンバスのお世話になった。

□

三千メートル峰を登り終え、目前のテーマがひとつ消えた。新しい目標はないものか。百名山はまだ半分にも達しない。区切りをつけたい気持ちと何かを始めたい気持ちとが交差する。

山行記録を眺めているうちに、〝毎月登山〟はどうかと思う。どんな低山であろうと、ひと月に一回は山に出かける。これなら長くつづけることができそうだ。
また、登る山域については、今までは住居が中央線沿線だったせいか、上野駅を基点とした山行は多くなかった。対象山域について方向転換してもいいと思う。

㊼ 磐梯山

1816・2m　福島県

頭上を新緑の波が揺れている。夜行列車で猪苗代駅に着いたときは、長そでシャツでも涼しかったが、磐梯高原を歩き始めたころは強い日ざしとなる。車道に木もれ日がチラチラ動く。

裏磐梯スキー場のスロープを登りきると、風景が一変した。銅沼をはさんで、磐梯山の赤黒い火口壁が激しく傷口をひろげている。恐ろしげな光景だ。いまにも噴火しそうな形相である。

山頂は、登山道の静けさとは別世界で、地元の家族連れたちでにぎわっていた。どの顔も表情がのびやかで、おだやかだ。北アルプスで見かける様子とは少し違う。北アルプスが神経質そうなクラシック音楽なら、こちらはおおらかな民謡かもしれない。登りつめたことを素直に喜び、同行した者がたたえあっている。声がおおらかだ。健康的な笑い声が頂上にあふれる。

吾妻(あづま)連峰が横たわり、その左手には残雪をまだら模様にまとった飯豊(いいで)連峰が控えている。下から白い雲がわきあがってきて、足元をくすぐるかのようだ。猪苗代湖が隠れる。

下りは赤埴(あかはに)山へのコースをとった。猪苗代スキー場のスロープは急坂で、滑りやすい。つま先に力が集まり、疲れる。やがてロッジのそばを通り、街のなかを歩く。街は夏の暑さで、山頂の涼しさがうらやましくなった。

列車の待ち合わせ時間に缶ビールを飲む。いい気持ちになり、ベンチで眠ってしまった。気づいたときには列車が動き始めていておおあわて。荷物をかかえて、改札口にかけ寄るヒマもなかった。仕方なく、一時間以上、次の列車を待つことにした。それ以降は缶ビールは飲まずに。

㊼磐梯山
1981年7月12日
猪苗代駅＝磐梯高原(6:30)－中ノ湯(8:30)－弘法清水(9:40㊡9:50)－磐梯山(10:15㊡10:50)－沼ノ平(11:45)－登山口(13:00)－猪苗代駅(14:00)

48 火打山 49 妙高山

〈火打山〉2461・7m 新潟県〈妙高山〉2454m（南峰） 新潟県

笹ヶ峰でバスを降りる。気持ちのよさそうな草地があり、くつろいでみたいところだが、後髪ひかれる思いで歩き始める。富士見平で一服。ザックの横にスキー板を立てた人が目の前を通る。山頂ではまだ滑れるのだろうか。

高谷池からは火打山が景色の奥のほうに見え、登高欲をそそる。ひと休みして、早々に歩く。天狗ノ庭は気分が晴れるところで、緑の草原が目にやさしい。ワタスゲの白さがいちだんと目立つ。風が吹くたびに、白いぼんぼりが右に傾き、左に揺れる。ハクサンコザクラの群落は、ピンクの花をばらまいたようだ。日陰で、形のいいキヌガサソウを見る。キリッとして、風が吹いたぐらいでは動じない風情がある。

最後の登りで、頂上から下ってくる親子連れに道をゆずる。すれちがいざまに、どこかで見た顔だと思ったら、ＮＨＫのニュースキャスターだった。夏の休暇らしい。

火打山の頂上は妙高連峰の最高峰である。噴火のおそれのある焼山が近い。

高谷池方面を振り返る。山腹にたくさんの池塘を配して、人の手で飾りつけられたようなたたずまいだ。カサついた岩ばかりの山に比べ、しっとりとしている。呼吸が落ち着いてくる。

高谷池に戻る。涼しい風に吹かれながら、夕ご飯をつくる。

高谷池の湿原を眺めつづける。あたっていた陽の角度がだんだん低くなり、風景の色がくすんでくるころ、小屋に戻った。

翌朝、高谷池の湿原が霧で白くなっていた。樹林の間から、槍・穂高、鹿島槍、白馬岳などが見えた。

茶臼山を越して下ると、黒沢池の湿原だ。ワタスゲが朝露にぬれている。背の低い草の葉の露が朝日を受け、光を反射して小粒のイルミネーションになる。この湿原もくつろぐにはもってこいだ。

黒沢池ヒュッテ近くに雪渓があったが、この量ではスキーは楽しめないと思う。昨日のスキー板の人は、小屋へ板を返しに登っていたのかもしれない。

㊽火打山
㊾妙高山
1981年8月2〜3日

妙高高原駅＝笹ヶ峰(8:25)－黒沢(9:10㊡9:20)－富士見平(10:40㊡10:50)－高谷池(11:25㊡12:05)－火打山(13:25㊡14:05)－高谷池(15:10⌂5:50)－黒沢池(6:35)－妙高山(8:45㊡9:10)－燕温泉(12:50)＝妙高高原駅

高谷池から火打山へ向かう。天狗ノ庭周辺に池塘があり、火打山の姿を映す

妙高山の山頂には大きな岩があちこちにあり、適度な風よけとなる。北アルプスの峰々が長く横断している。あれが白馬岳かなと確認しかけていると、急に白く明るい霧が押し寄せて、遠望がきかなくなった。

山頂で一緒になったO夫妻からコーヒーをごちそうになった。彼らは東京・三鷹から来たという。こういう場合、単独行はお返しするほどの食料を用意していなくて、一方的にいただくだけになってしまうケースが多い。借りをつくったようで落ち着かない。偏狭な単独行と思われたくないし、断ることもなかなかできるものではない。

燕温泉へは三人で下る。沢の色が赤い。鉄分のサビが強く、飲用には適さない。燕温泉が下に見え、もうすぐ到着というときに雨がきた。急いで雨具を取り出す。温泉でくつろいだのち、ビールを飲む。昼間のビールもいいものだ。日焼けした顔をさらに赤くして、バスに乗りこんだ。

50 剱岳

2999m　富山県

夜行列車に乗り、信越本線経由で魚津に着く。馬場島を歩き始めるころ、地面にポツポツと印がつきだした。空が泣きだした。これからの長い登りは雨のなかになるかもしれない。

単独行の男性K氏と後になり先になる。先に歩いていても、道を確かめている間に追いつかれてしまう。途中で歩調が似てきて、話しながら歩く。同じ小金井市在住と

㊿剱岳
1981年8月12～14日
魚津駅＝上市駅＝馬場島（7：45）－伝蔵小屋（13：10⌂5：10）－剱岳（8：15㊡9：15）－前剱（10：25㊡10：50）－別山乗越（14：10㊡14：45）－別山（15：20）－内蔵助山荘（16：45⌂6：30）－富士ノ折立（7：25）－大汝山（7：45）－雄山（8：15㊡8：45）－一ノ越山荘（9：25㊡9：30）－東一ノ越（10：15㊡10：25）－黒部平（11：45）－黒四ダム（12：45）＝扇沢＝信濃大町駅

わかり、双方とも笑顔になる。

雨が強くなってきた。地面がぬれて、腰をおろすことができない。立ちどまったまま休む。体が冷え、みじめな気持ちだ。再び歩き始める。樹林の道をひたすら登る。登山道にも小さな流れができて、砂や小石を動かす。

風が吹き、広葉樹の葉にたたえられていた水滴がバラバラと落ちてくる。緑濃い樹相だ。雨粒と一緒に緑のしずくが降りそいでくるのではないかと思うほどだ。

長い急坂がつづく。

樹林帯を抜けるころ、空が明るくなり、雨域からはずれ始めたことを感じる。フードをめくり、空を見わたす。雲に濃淡ができ、明るさを増している。鳥がさえずり始めた。鳥も晴れることに気づいたのかもしれない。あるいは、今までも鳴いていたが、こちらに聞くだけの余裕がなかったのかもしれない。

倒壊した小屋の前でひと休みする。岩が乾いてきた。空気の乾きを知らせてくれる。

早月尾根下方では雨の中を歩いたが、翌日は晴れて劔岳の全貌を目にする

伝蔵小屋（現在は早月小屋に改称）の手前は、いかにも小屋が近いことを予感させる平坦な道となる。道の脇にトウヤクリンドウなどの花が咲いている。

小屋を下方に見下ろす地点に出て、別山、前劔、浄土山（じょうど）、大日岳（だいにち）などが見わたせた。小屋前からは、正面のギザギザの尾根が印象的だ。

K氏は幕営だ。こちらは二階の部屋にひとり寝た。

翌朝、K氏のテントを横目にして、ひと足先に出発する。

登山道左手の谷が急角度で落ちている。ハイマツ帯を抜け、岩稜の道を行き、山頂に到着。人が多く、にぎやかだ。

富士山がうっすらと見えているが、気づいている人はほとんどいない。わざわざ、「富士山が見えていますよ」と知らせるのもどうかと思い、ためらう。

南アルプスらしい山が見える。北アルプスの名だたる峰が並んでいる。白馬岳、鹿島槍、針ノ木、前穂、槍、笠、黒部五郎、薬師岳などなど。

下りは岩ばかりで緊張する。鉄バシゴや鎖が多く、行き交う登山者とたまに一方通行となる。通過時刻が遅ければ登ってくる人が多くなり、待ち時間にイライラするところだった。

一服剱から振り返る剱岳の眺めがすばらしい。岩のかたまりがこちらに倒れかかってくるかと思うほど迫って見える。

剣山荘に一度下り、再び稜線に戻る。広い雪渓でスキーを楽しむ人がいる。ザザ、ザザーッ、シューーッと涼しそうな音をたてている。

稜線歩きは日ざしが強くて暑い。

剱御前小屋は、何日か前の火災で焼け落ちていた（その後再建）。近くのハイマツまでが茶色に焼けて痛々しい。

この日の宿の内蔵助山荘は背後に大きな雪渓をもち、水が豊富だ。

次の日、立山の雄山を越え、一ノ越山荘から下った。黒四ダムでは観光客の波にのまれた。

51 四阿山

2354m　群馬・長野県

一九八一年八月、浅間山に火山性地震が続発し、八年ぶりに全面登山禁止になる。私が登った七八年当時は、火口から半径二キロ以内が立ち入り禁止だった。禁を破ってではあったが、登り終えていてよかったと思う。

浅間山を見たくなって、四阿山(あずまやさん)に出かけた。

上野から夜行列車に乗る。信越本線上田駅下車。

菅平(すがだいら)のバス停で降りた登山者はほかにいなかった。バスの中でもウツラウツラして体がシャキッとしない。目がショボショボする。

寒い風に吹かれながら歩き始める。夏のシーズンが終わり、スキーシーズンまで戸

(51) 四阿山
1981年11月3日

上田駅＝菅平（8：00）－根子岳（11：00）－四阿山（12：30㊡12:40）－的岩－鳥居峠（14:50㊡15:00）－菅平口（16:10）－宮前（16：25）＝上田駅

を締めている建物が多い。うすら寒い風景だ。草は枯れ、石ころさえもおし黙っている。

根子(ねこ)岳へは広い尾根を行く。左手の下方でゴルフをしている人がいる。寒いなか、ご苦労なことである。

わずかながら気温が上がり、風もおさまる。根子岳頂上近くで霧が昇ってくる。

頂上に着く。黒い雲と、下方の明るい峰とのわずかのすきまに富士山が見える。槍・穂高も見えた。部分的に雲が切れて妙高山がのぞける。浅間山の黒い斜面に、まるでクシで引いたように新雪が縦縞の筋をつけている。

寒くて落ち着かず、四阿山へ急ぐ。頭上にはどす黒い雲がかぶさってくる。雪雲のような気がする。風が冷たさを増し、胸がざわつく。

四阿山頂上では、寒い風を避けてうずくまる。首を縮めたまま、周囲を見わたす。人にはまったく会わない。

寒々とした風景のなかを下る。クマザサのかぶさった道となり、葉は水滴でぬれている。笹の表面がツルツルではなく、何かツブツブのようなものがついている。目を近づけてるみると、アラレであった。

しかし、下るにつれて晴天となった。

的岩は大きな岩が並び、異様だ。城壁のように見える。自然の力で、こんな配列になったとは思えないほど、突如として長い壁が出現した。

鳥居峠の手前でようやくハイカーの姿を見た。家族連れで、的岩あたりまでを往復するのかもしれない。鳥居峠には車が走り、それまでの山道の静けさとは別世界となる。サイクリストたちが休んでいた。

アスファルト道を下る。菅平口の近くで周囲が赤みをおびてきた。夕日が周りを染め始めたのかと思ったが、カラマツ林の紅葉のせいとわかる。道のすぐそばにカラマツ林がつづき、見事なくらい濃いきつね色に仕上がっている。

針のようなカラマツの落ち葉がアスファルト上に降り積もり、風に吹き寄せられている。その上を歩くと、フカフカのクッションのようだった。ときどき、靴でけちらしてみる。

宮前バス停からは、対斜面の紅葉が屏風のように見えた。ようやくバスが来た。しかし、バスは通り過ぎてしまい、あわてる。バスのうしろ姿に手を振ってアピールしたら、停まってくれた。

52 白山

2702・1m（御前峰）　石川・岐阜県

夜行列車を使い、金沢駅に降り立つ。

別当出合（べっとうであい）から登った。夜行の疲れが出て、たまらず、殿ヶ池の小屋で仮眠をとる。板の間の上に横になった。約一時間半後に目が覚める。

再び歩きだすが、足が重い。

室堂（むろどう）小屋は満杯となった。寝苦しくなった人が夜中に廊下へはい出す。混んだ部屋の中を避けるために、板の間の上で寝るのもかまわない人たちのようだ。

朝、雨。

山頂を踏むために登ってみる。

頂上の火口をめぐってみるが、黒っぽい岩石を灰色の霧がなめるように流れる。火口湖付近の空気は停滞し、殺伐とした光景だ。地図なしで、道標をあてにしてさまようように歩く。

　室堂に帰ったが、どうしても晴れたところを見たくてもう一度登る。しかし、だめだった。心残りではあったが、下山することにする。

　下るうちに霧が切れ、山肌がよく見えた。途中、白水ノ滝の見える場所があった。立ったまま休む。

　白水湖畔はオートキャンプの人たちでにぎわっていた。風呂に入る。すっきりした気持ちでマイクロバスに乗る。

　平瀬に着き、バス停の小さな待合室に入る。上りと下りとを勘ちがいして、一台バスを乗り逃がす。さらに一時間、次のバスを待つハメになった。ここで時間があるからといってビールでも飲めば、磐梯山のときの失敗を繰り返すことになるかもしれないと思い、自粛する。

52 白山
1982年8月14～15日
金沢駅＝別当出合（9:00）－殿ヶ池（11:45㊡13:30）－室堂（14:55⌂4:10）－白山（4:40㊡4:55）－室堂（6:00㊡8:10）－白山（8:30㊡9:00）－室堂（9:15）－白水湖（11:30）＝平瀬＝北濃駅＝名古屋駅

　このバス停のそばに立っている桜の木の由来をあとになって聞き、感慨を深くすることになった。バス路線の名金（めいきん）線（名古屋～金沢間）の男性車掌が桜の苗木を植えつづけ、ついに太平洋側と日本海側とを桜並木で結びつけたという。私自身、日本徒歩横断をしていたので、近しく思った。

なお、桜並木は、賛同した別の人によって、金沢から能登半島に延長されている。

□

「日本徒歩横断」コースと南アルプスとを結びつけようと思いたつ。

七月に鳳凰山から韮崎(にらさき)駅まで、九月に韮崎駅から深田久弥終焉の地・茅ヶ岳を登り、増富温泉へ下り、連結した。

また、「日本徒歩横断」コースと富士山頂とをつなぐため、樹海のなかの登山コースをたどった。紅葉におおわれた富士の山腹は落ち葉が積もり、秋の気配を濃くしていた。

百名山については完全に失速気味になる。自分のなかで、何か無理をしていたような気がする。百名山で各地へ足を延ばすことは、そもそも登山を始めたときの、〝登った山の頂上から眺めることのできた山に登る〟ことから離れることになる。山と山とが切り離されてつながらない。これでは、観光地めぐりをして、ブランドや看板だけを頼りにおみやげものを買いあさることと似てはいまいか。『日本百名山』にはたしかにいい山が選ばれていると思う。しかしそれにしても、ある人間のある時代の基準によるものだ。それをなぞって歩くことの意味は何か。

自分の内部から真に登りたい山を見つけて登りたい。それが自然というものだ。私の場合は、まだ百名山に気持ちが重なっていない。

いろいろなことが頭のなかにわきあがる。

一九八四年は、アマチュア無線とバイクを登山にとりいれて、近郊の山へ出かける傾向が強くなった。

七月なかばに、バイクで笠取山（奥秩父）へ行こうとして、林道で転倒した。運悪くマフラーに足があたったまましばらく身動きできず、ややあって起きあがる。足にヤケドを負ったが、軽いと判断。笠取山をあきらめ、乾徳山に変更する。

下ってきてヤケドの部分を見ると、かなりハデに水泡が盛り上がり、プヨプヨになっていた。

帰宅し、医者に見せると、完治するまで一カ月かかり、それまでは登山などはもってのほかと言われる。この暑い季節に風呂に入れないのは苦しかった。

十月二十日を過ぎるころ、急に立山山頂でアマチュア無線をしてみたくなった。九月の南アルプス・悪沢岳では、関東はもちろん、関西方面とも交信できた。今回、北アルプスからはどの程度の範囲と交信できるものか試したかった。

雄山山頂でアンテナを伸ばし、無線を楽しむ。期待どおり、関東、関西方面と交信できた。

山頂付近に霧が漂ってきた。

無線の途中でふと見上げると、青空がのぞき、太陽光がさしてきた。青い空をバックに、雪片がキラキラ輝いて舞った。ダイヤモンドダストを連想させるその美しさにしばし見とれる。チラチラと光の精が飛んでいる。金粉をまき散らしたようだ。光の子どもたちが気ままに遊んでいるようにも見えた。音もないのに光が騒いで、にぎやかだった。

第三章 『百名山』の頂上部が突如見える

南アルプスの歩いた稜線を地図で眺める。歩いた線と線とが切れていた三伏峠と荒川岳との間が気になり、一九八三年九月に出かける。

道路不通のため、転付(でんつく)峠を越えて二軒小屋に入る。南アルプス南部への入山は、畑薙第一ダムを経由することばかりが頭にあったが、思いもよらず古典的(?)ルートをたどることになった。

峠までの登り、そして二軒小屋までの下り、そしてマンボー沢ノ頭への急登など、ひたすら歩くしかないコースだった。

一九八三年は、百名山の数は新しくふえなかったが、二回目以上となる山を六山登った。このぶんを未踏の山にふり向けたら、ともったいない気もしたが、気分のおもむくままに登るしかない。

一九八四年も近郊の山を中心に登る。この年は九月初めまで二十七回の山行に出かけたが、百名山は依然ふえない。八二年八月の白山以来、二年間は完全に空白となった。

そんなある日のことだった。

新聞記事（一九八四年九月九日付朝日新聞）で、服部セイコー会長が百名山を完登したことを知る。これにはかなりのショックを受けた。

記事によると、服部会長が百名山完登を意識したのは四十七歳のときで、その時点で二十五山に登っていた。四十七歳から十八年間で七十五山を登ったという。

あんなに忙しい人でも時間をつくり出して登ったのだ。自分にやれなくはないのだと思った。

数え直すと、この時点で五十二山。もう一度、百名山をふやしてみようと思い始める。遠くの山で、どうしても登山困難な山はあきらめてもいいことにして、近くの、日帰りか一泊二日で行ける山から片付けてみようと、『日本百名山』の目次を点検し始める。

この年内に行けそうな苗場山、安達太良(あだたら)山、上州武尊山、皇海山、会津駒ケ岳などにねらいをつける。また、年末年始には九州に行くことにする。

北海道、東北は遠い。それらの地域をひとまず除外して、まだ二十山ほどは登れる。百名山のうち八十山ほど登れば、その時点で心境の変化が起こるかもしれない。

53 苗場山

2145・2m　新潟・長野県

上野から夜行列車に乗る。越後湯沢駅構内で始発バスを待つ。初秋の寒さを感じる。祓川(はらいかわ)を歩き始めたときは、天気は悪くなく、想像のなかで苗場山の湿原のイメージをいろいろふくらませていた。稜線部に出るまで急坂がつづく。青紫のトリカブトの花が目につく。

神楽(かぐら)ケ峰でアマチュア無線を楽しんでいたら、近くの樹林の間をすり抜けるように霧が流れ始め、空も渋面になってきた。

広い湿原を期待して苗場山山頂にたどり着いたが、一面の霧で見えなかった。雨もポツポツと落ち、ますます気落ちする。

小屋の土間では、到着した登山者が雨具をガサガサいわせながら移動する。雨にガッカリしたのか、どの目にも落ち着きがなく、うつろだ。外気が冷え、小屋の中でも寒くて落ち着かない。雨具を脱いだ人たちの背中から湯気が漂っている。登山者の表情は土間の土に似て、じめっと暗い。登山者たちは夕食の準備をするほかなく、コッヘルの音があちこちでカチャカチャと鳴る。

雨は小やみになるが晴れるわけでなく、じらせるように降りつづける。今日はこのまま暮れていくのかと落胆していたとき、湿りきっていた小屋のムードが一変した。霧が消え始め、湿原が姿を現わしたのだ。小屋の外で登山者の声がはずむ。

草もみじは、さっきまでの雨で、まるで汚れを落としたかのようにクリアーに見える。針葉樹の濃い緑が茶色のなかに点在する。小屋のサンダルをつっかけて、木道を歩いてみる。あちこちに池塘が見える。霧はほとんどなくなり、ひろびろとした湿原がその全貌を見せてくれた。さっきまで小屋に閉じこもっていた人たちが靴ひもを結ばずに、足をもつらせるように出てくる。どの表情も晴れやかだ。夕暮れのわずかな時間であったが、これで登ってきた苦労が報われた。

翌朝には雨が再びシトシトと降っていた。もう一度湿原を見わたしたかったが、かなわぬことに思え、下山する。

赤湯まで黙々と歩く。樹林のなかで、展望はない。山道に

53 苗場山

1984年9月15～16日

越後湯沢駅＝祓川(6:00)－神楽ヶ峰(8:50㋐10:25)－苗場山(11:20⌂㋐8:20)－赤湯(11:00㊡11:50)－棒沢(13:50)＝東京

苗場山山頂は広大で、池塘が点在する。夕方、霧が晴れて、視界が開けた

トチの実がたくさん落ちていた。

赤湯の小屋で雨宿りする人が縁側に並んでいる。すきまを見つけて、割りこませてもらう。中をのぞくと、数人の宿泊客がいろりを囲んで談笑している。うらやましい。対岸の斜面が目の前に立ちふさがり、谷筋の狭い空間に落ちる雨が白く光りながら糸をひく。沢の音に消されて、雨の音は聞こえない。

体が冷えて、ブルッときた。腰をあげて棒沢へと向かう。下山時から同じペースで下ってきた単独行の男性の車に乗せてもらい、東京都内まで帰る。

54 安達太良山

1699・7m　福島県

郡山まで夜行列車で行く。朝の接続電車まで寝袋に入り、ホームの待合所で横になる。もうひとり東京からの登山者がいたが、過去に登った山名を聞いていると、どうも百名山をめざしているらしい。彼は荒島岳で九月にマムシを見たという。

*

安達太良山山頂でアマチュア無線を楽しんでいたら、頂上直下の広い緩斜面に遠足の小学生がどこからかバラバラと姿を現わして、付近一帯が埋めつくされてしまった。ヒヨコをばらまいたようなにぎやかさを遠目に眺めていたら、そのうちにアリのようにゾロゾロと移動し、頂上に押し寄せてきた。マイクを持つ私の周りに座りこみ、こちらの行動に見入って

54 安達太良山
1984年9月23日

郡山駅＝二本松駅＝奥岳温泉（7：40）－勢至ノ塔－金明水－安達太良山（9：30㋐12：30）－鉄山－箕輪山－鬼面山－野地温泉（14：50）＝福島駅

いる。ほおづえをついてじっと見ている子もいる。

群れていた運動帽子が、教師の合図で波のようにひいていく。下の広場で食事のようだ。山頂に静けさが戻った。無線機のスイッチを切り、ひと休みする。

磐梯山をあらためて眺める。吾妻連峰はゆるやかな起伏で、まるでゆったり波をうっているかのようだった。

＊

この日の朝は奥岳温泉から登り、野地温泉へ下るまで、秋の日和に恵まれた。

岳温泉の〝ニコニコ共和国〟はユーモアのある試みだ。樹林帯を抜け、頂上部が見える灌木帯を進む。樹木がなくなり、ザレた場所を通過して乳首と呼ばれる岩の上に立つ。

鉄山の手前で、左手の沼ノ平に目を奪われる。黄色く、荒涼とした露地となっている。月面のようだ。

箕輪(みのわ)山は草原がつづき、これまでの景色に比べ気持ちがやすらぐ。この山群の最高峰を踏み、野地温泉へと下った。

⑮ 武尊山

2158m　群馬県

バイクで出かける。沼田から水上（みなかみ）、藤原湖を経由し、上ノ原上部の林道を行けるところまで進む。

上越の山には新雪が白く、稜線がくっきりと青い空と境をつくっている。あれは谷川岳あたりか。ススキの穂が立ち並ぶなかを登り始めるが、人の姿を見かけない。

手小屋沢避難小屋は登山道から離れてわずかに下がったところにあった。小屋の中は土間のままでジトッと湿っぽい。中腹が紅葉の見ごろで、色づいた木の葉の間から頂上部が見える。

頂上近くに、よじ登るような短い岩場のような個所があり、手をかけようとしたら、薄氷が張りついていた。朝晩の冷えこみをしのばせる。

55 武尊山
1984年10月6日

上ノ原の林道（9：30）－避難小屋（11：00）－武尊山（12：20㋐14：10）－上ノ原の林道（15：50）

山頂は狭いが、眺めをさまたげるものはない。風が冷たくて、ウインドブレーカーを着る。尾瀬や谷川岳の位置を確かめる。至仏山、燧ヶ岳、日光の奥白根山などが見える。武尊牧場から人が登ってきたが、周囲を見回し、すぐに下山してしまった。

前武尊あたりを見下ろすと、ポコポコと部分的に盛り上がった地形でコブが多い。

往路を引き返す。避難小屋の下で数人のグループが登ってきた。

その日のうちに帰京するか、山麓で一泊するか迷ったあげく、無理を覚悟でバイクにまたがる。夜十一時に帰宅した。

56 皇海山

2143・6m 栃木・群馬県

庚申(こうしん)山の山頂で幕営し、翌日の皇海山登山にそなえる。庚申山の山頂は双耳峰のように分かれていて、テントはその中間の鞍部に張る。

ピーッ、ピーッ。

夜中に、悲しげな鹿の鳴き声が聞こえてくる。どこか近くの谷筋にでもいるようだ。再び沈黙があり、また聞こえる。目がさえてくる。テントの天井を見上げると、まだら模様になっている。雪か。

テントの入口を開き、手で地面をまさぐってみる。落ち葉に指がふれる。別にぬれているわけでもない。今度は、テントのフライシートに手をあててみる。まだら模様はてっきり雪によるものと思っていたが、それは木の間を通った月の光によるものだった。

月光にさそわれ、靴のひもを簡単に結び、テントの外へ出る。皇海山側の峰に立つ。南の方に街の灯が光の帯となって、キラキラとまたたいていた。真珠の粒を無雑作にまきちらしたようだ。あのひと粒ひと粒が人間の手によるものだと思うと、気が遠くなる。その光景を、鹿の鳴き声を聞きながら、だれもいない山頂から、しばらく見る。明日の天気はよさそうだと確信して、再び寝袋にもぐる。

朝日を受けている皇海山に対面し、鋸岳（のこぎり）（鋸山）に向かう。落ち葉の道があるかと思うと、はげた岩に出たり

㊻ 皇海山

1984年10月13～14日

銀山平の上（13：10）－庚申山荘（14：50）－庚申山（15：50 ⚠5：45）－鋸岳（7：20）－皇海山（8：35㋐10：35）－鋸岳（11：35）－六林班峠（12：20）－庚申山荘（14：05）－銀山平の上（15：30）

で、小さなアップダウンが多い。

鋸岳に荷物を置き、皇海山を往復する。まず、急斜面を下りきり、次に登りに転じる。クマザサにおおわれた道となる。朝露で下半身がぬれる。水滴が肌まで達して冷たい。クマザサの深いところは首まであり、アゴをあげて、泳ぐように進む。葉で目をこすられそうなときはアゴをひき、上目づかいに登る。

山頂の南側は切り開かれて明るい。しかし、その方角は鋸岳などが近くにあり、展望にすぐれているわけではない。北側には日光の奥白根山らしい山が見えた。

下りは鋸岳から六林班峠に向かう。途中、クマザサで道を失う。またぎきれない倒木を越え、視界のきかないなかで立ちどまる。歩いているときはザザーッ、ザザーッと音をたてているが、歩きを止めると急に静かになる。稜線部をたどるのが正解だと思い、ときどき軌道修正する。不確かな時間が経過する。

先が明るくなり、六林班峠に出る。

庚申山荘まではアップダウンの少ない巻き道となる。何個所か沢筋を横切るが、崩壊気味のところもあった。しかし、全体的に歩きやすく、緊張感がゆるむ。

黄葉を眺めながら下る。秋の日が黄色い葉を透過して道を照らす。ほの明るいなかを足の進むにまかせて下りつづけた。

武尊山、皇海山へはバイクで出かけたが、体力をかなり消耗した。バイクは、〝風と友だちになれる〟などのセリフを聞くことがあるが、そうとも言いきれない。寒いとき、雨のときは、翌日、アゴのあたりが痛い。奥歯をかみしめて走ったせいだ。また、道路を走ってくると、かなりの粉塵のなかをくぐることになる。靴下、シャツの襟などが排気ガスのススで黒く汚れる。あれを肺に吸いこんでいるのかと思うとゾッとする。

57 会津駒ヶ岳

2133m 福島県

小出(こいで)駅に夜行列車で着き、朝の始発列車を待つ。登山者のほか、カメラバッグを持ったアマチュアカメラマン風の人もいる。ベンチが冷たくて、仮眠はほどほどにしかできない。落ち着かない。時計がなかなか進まない。外の暗がりのなかでバスがエンジンの音をたて始めて、待合室に動きが出た。

只見線に乗る。田子倉駅（二〇一三年に廃止）で登山者がひとり降りた。浅草岳にでも登るのだろうか。只見駅では、私ひとりしか下車しなかった。駅前でバスに乗る。車内はガラガラだ。途中、通学の中学生らが乗り降りする。檜枝岐に着く手前で、山裾の紅葉が車窓の右左に見えた。

57 会津駒ヶ岳

1984年10月27～28日

小出駅＝只見駅＝檜枝岐登山口（9:05）－水場（11:00㊡11:15）－駒ノ小屋（12:30）－会津駒ヶ岳（12:50）－中門岳（13:20）－会津駒ヶ岳（14:20△7:05）－駒ノ小屋（7:30ルート点検8:00）－檜枝岐（10:20）＝新藤原駅

登山口から歩くのはもちろんひとりだった。紅葉のまっ盛りだ。なめしのよくきいたなじみやすい道がつづく。樹林が切れ、右手に駒ヶ岳の稜線が延びている。たおやかなスカイラインだ。草もみじがひろがっている。乱れがちな呼吸のことを忘れて、爽快な景色に見とれる。

木道を伝って小屋の前に出た。そばに、唐突に池がある。なぜこんな地形に水たまりができたのか不思議だ。水を口に含んでみるが、土や草の根のにおいがしておいしいとは思えない。数人のパーティが休んでいる横を通り、中門岳へ向かう。

駒ノ池から会津駒ヶ岳を望む。中門岳につづく稜線では遊歩気分が味わえる

駒ヶ岳への分岐に荷物を置き、身軽になる。中門岳から帰ってきた単独行の男性に会う。彼は手に缶ビールを持ち、えびすさんのように満足しきった表情をしている。うらやましい。ビールが欲しい。

中門岳への道はすばらしいの表現につきる。全山、草もみじで、ところどころに針葉樹の林が茂っている。呼吸が荒れることのない遊歩道がつづく。木道の上にコツコツと登山靴の乾いた音がする。

こんな頂上部に池塘が多いなんて奇異だ。池塘群がまっ青な空を映している。

だれもいない会津駒ヶ岳頂上で幕

営する。夕方、燧ヶ岳、至仏山がシルエットになった。

夜中に雨が降り、フライシートを張るために靴をつっかける。夕方の好天からは雨は予想できなかったが、やはりフライシートを無精してはいけなかった。

朝、目を覚まし、外を見るなり思わず、「ええーッ」と声をあげた。雪が積もっている。吹きだまりの深いところには約十五センチ。

前日は見事なきつね色だった草もみじが、一夜にしてまっ白になってしまった。まるで銀ぎつねに変身したようだ。驚いた。しばらくして、二つの景色が楽しめたことのうれしさがわいてきた。

シャクナゲや笹の葉に雪がのり、白くなっている。木道を滑らないように下り、小屋前でテントを撤収していた昨日の単独行者に会う。

御池(みいけ)に下ろうとして十分間ぐらい進んだが、霧が濃く、積雪の上を歩くのがわずらわしくなり、もとに引き返す。先ほどの単独行の男性はまだ出発していなかった。檜枝岐まで一緒に下る。

昨日、山腹で見たあざやかな色の紅葉は冷たい雨に散ってしまっていた。

檜枝岐の村営浴場に入る。きれいで気持ちがいい。湯から上がり、谷あいの狭い空を見上げると、山の稜線がゆっくり移動しているように見えた。よく見ると、実際に動いていたのは薄い筋雲であった。

⑸⑻ 高千穂峰（霧島山）

1573・6m　宮崎県

九州の山は、六年前と同じく、年末年始休暇に出かけることにした。

まず鹿児島まで南下し、前回、目前であきらめた高千穂峰に登ることにする。〝霧島山〟の最高峰は韓国岳だが、深田久弥の本文を読み返すと高千穂峰のほうに力点がおかれている。高千穂峰をあれほど眺めて登らなかったのはなんとしても残念だった。

プランとしては、高千穂峰のあと大分に行き、久住(くじゅう)山、阿蘇山、祖母(そぼ)山の順序で回ることにする。祖母山は山中で一泊する予定をたて、念のためにテントを携行する。

東京駅では、朝一番の新幹線はすでに満員で乗れず、ひとつ遅らせる。博多で乗り換えて、西鹿児島駅（現鹿児島中央駅）に着く。その夜は鹿児島市内で泊まる。

霧島神宮駅でのバス待ちは時間ロスが多く、高千穂河原までひと思いにタクシーに乗る。運転手の話では、「路面凍結していればその地点で降りてもらうことになる」とのこと。しかし、心配をよそに無事登りきる。

サブザックで歩き始める。樹林のなかにつけられた石組みの階段がつづく。段差が一定でなく、歩幅が乱される。自分のペースを守ることを心がける。

58 高千穂峰（霧島山）

1984年12月30日

西鹿児島駅＝霧島神宮駅＝高千穂河原（7：45）－高千穂峰（9：00㊡9：35）－高千穂河原（10：25）＝霧島神宮駅＝大分駅

次第に火山らしい景色になり、登山道は赤茶けてくる。上空は晴れているが、振り返ると、雪雲らしいものが押し寄せている。大陸からの季節風かもしれない。火口壁の縁を歩き、最後の登りとなる。ガラガラした火山礫の上を行く。

頂上には天（あめ）の逆鉾（さかほこ）が立っている。小屋をのぞく。奥に、ヒゲを生やした小屋番が、湯気をあげてうどんをすすっていた。そのそばにアマチュア無線の機器が置かれている。急に親しみがわき、こちらのコールサインを名乗り、登山者名簿に記帳した。交信状況を教えてもらう。ここからは、和歌山、福岡あたりとよく交信できるとのこと。

今夕までに大分市内へ行くにはゆっくりりしておれない。山頂にいたい気持ちがありながら、足は下山へと急ぐ。

高千穂河原へ下る途中、二人組に追いついた。彼らはライトバンで鹿児島市内へ帰るという。話を交わしているうちに、霧島神宮駅まで乗せてもらえることになった。途中、霧島神宮に立ち寄る。初もうで客の波は六年前と全然変わらない。

日豊本線で大分に向かう。宮崎市あたりを通過するとき、空は南国の青さを見せてくれた。霧島連峰がはっきり見えた。（韓国岳登山は１１２ページ参照）

大分駅構内の案内所で、ビジネスホテルを紹介してもらう。

㊾ 久住山

１７８６・５ｍ（久住山）／１７９１ｍ（中岳）　大分県

早朝、ビジネスホテルを抜け出す。

久大本線豊後中村駅から牧ノ戸峠までバスに乗る。

牧ノ戸峠には雪が舞い、建物の陰にわずかながら吹きだまりをつくっていた。積雪

㊾久住山

1984年12月31日

大分駅＝豊後中村駅＝牧ノ戸峠（9:00）－避難小屋（10:30）－久住山（11:00）－中岳（12:00）－牧ノ戸峠（13:30）＝内牧温泉

と霧とで、くすんだような景色のなかを黙々と歩く。

久住分かれの避難小屋にようやくたどり着いた。小屋の外壁にも雪がつき、周囲の景色に溶けこんでいて、近くまで寄らないと識別しづらい。小屋の中に入る。三、四人の登山者がいるが、パーカ、オーバーズボン、スパッツなどを装着しているのでものものしい。お互いの吐く息が一メートルほどに伸びている。小屋の中は風がさえぎられているため、しばらくすると、かじかんだほおがゆるんでくる。腰かけに座ると尻が冷えるので、立ったまま休む。

久住山の山頂は風が強く、雪の吹きさらしだ。背をまるめて、風の弱い場所を選ぶ。岩の横ツラに雪がへばりついている。

落ち着かないので、中岳へと急ぐ。地図で見当をつけ、雪の斜面をかけ下る。そのうち、ルートからはずれている気配がした。不安になり、もとの高さまで戻ろうとするが、登りは下りのときのようにスムーズにはいかない。呼吸のリズムが異なり、足のももに負担が加わる。疲労度が格段に増す。急がば回れ、か。しかし、どうしても直登気味になる。霧は相変わらずたれこめていたが、さいわいにも道標が目につき、

西千里付近から望む久住山。霧が視界を閉ざしていたが、一瞬、晴れた

かけ寄って確かめる。

中岳のほうが久住山よりもエビのシッポが多く、積雪も多い。コケモモの群落に雪がこんもりと盛り上がっている。この山頂も灰色ばかり。

凍った御池の上を歩いて横断する。

久住山の姿を見ることなく下山かと、しょげた気持ちで、うしろを振り返る。霧は薄くなってきたが、久住山は雲をまとったままだ。歩いては、あきらめきれずまた振り返ってみる。なんと、青空が見え始めていた。カメラを構える。

雲がとりはらわれ、白いピラミッドのような久住山が姿を現わした。心のなかで歓声をあげる。夢中でシヤッターを押す。最後のどたん場で久住山を見た。撮った。気持ちが躍った。急展開の景観に満足して牧ノ戸峠まで、内心ニコニコとして歩くことができた。

峠まで、これから登頂する人とつぎつぎすれちがう。初日の出を山頂で迎える人たちが点々と山頂への道につづいていた。

牧ノ戸峠のバス停でバスを待つ。先ほど山中で会った単独行の男性と目が合う。話しかけてみる。と、彼はポケットをさぐり、メモ用紙とペンをこちらに差し出す。メモ用紙に二度、三度、指をさす。筆談の意味だ。彼は横浜在住で、百名山完登をめざしているという。彼の登頂リストを見せてもらう。久住山が七十五山目で、私より十六山多く登っている。寒い風のなかで細かいニュアンスは聞けなかったが、しゃべることが不自由だと、単独行は大変だろうと推察する。

バスは阿蘇・外輪山の内側へと下っていく。大観峰から、阿蘇五岳（根子岳、高岳、中岳、烏帽子岳、杵島(きしま)岳）が横たわっているのが見えた。

内牧(うちのまき)温泉に行く。タクシー乗り場で運転手に宿を紹介してもらう。夏目漱石が執筆したという由緒ある旅館にザックをおろした。

60 阿蘇山

1592・3m（高岳） 熊本県

朝、宿の窓から阿蘇の内輪山が見えた。噴煙に朝日があたり、赤い空がひろがっている。フロントで精算をすませたら、正月の祝い物としてしゃもじをくれた。このしゃもじと、これ以降同行することになった。百名山をメシとりに行く、か。

内牧温泉から仙酔（せんすい）峡に向かう。途中、阿蘇駅に荷物を預ける。仙酔尾根を登るつもりだったのに、ロープウェイ沿いの道を歩いてしまった。ときどき風が噴煙を運んでくる。硫黄くさい。

雪は降灰で汚れている。ところどころに避難壕がある。なだらかな勾配で、歩くペースは乱れない。が、ときたま、噴煙を吸い、せきこむ。中岳から高岳への道では、積雪が多くなってきた。しかし、スパッツをつけるほどではない。

途中で、昨日の単独行Y氏に会う。彼はすでに下山にかかっていた。簡単にお互いの無事を祈って、視線でエールを送る。少し歩いて、思い出したように振り返ると、

⑥⓪ 阿蘇山
1985年1月1日

内牧温泉＝仙酔峡（9：00）－阿蘇中岳－阿蘇高岳（10：50 ㋐13：00）－火口西－山上神社（14：00）＝阿蘇駅＝緒方駅＝尾平

Y氏は稜線上で豆粒のように小さくなっていた。彼の足取りは軽そうだ。

高岳に着く。標高一五九二（ひごのくに）メートルの語呂合わせがおもしろい。だれもいない。雪が残っているが、地肌の部分が目につく。上空は澄みきって青い。太陽の光を浴びていると、ポカポカとあたたかい。

外輪山に囲まれた盆地を眺めおろす。畑が仕切られ、人家が並ぶ。自然の造った大きな陥没地帯の表面に、人間が線を引っかいたり、建造物を配置している。

烏帽子岳の形相がすごい。ギザギザの岩峰が天に向かい、すごんでいるみたいだ。

外輪山越しに、昨日登った九重（くじゅう）の山々が見える。頂上部が白い。祖母山・傾山（かたむき）らしい峰が盛り上がりを見せている。

仙酔尾根から登ってきた単独行のN氏と声を交わす。大阪から来たという。彼が下山したのちもしばらくの間、山頂でくつろぐ。

西火口へ下る。右手は、噴火口がゴーゴーと音をたてている。月面のような火山礫の堆積した広い原を横切る。砂の上に、Y氏かN氏のと思われる足跡がかすかに残っている。ときどき白煙が青空を隠し、頭上をおおう。

山上神社前は、初もうでの人でにぎわっていた。バスを待つN氏を見つける。彼は祖母山に行こうかどうしようか迷っているという。彼によると、バスダイヤが正月休み用となり、スケジュールが組みにくいとのこと。こちらは行きあたりばったりで、そこまで綿密に調べていなかった。タクシー相乗りで尾平まで行くことに合意。とりあえず、緒方まで鉄道に乗る。

緒方駅前で食料を補充して出発。暗くなってしまってから尾平のバンガローに入った。簡単に食事をすませ、早々に寝る。

61 祖母山

1756・4m　大分・宮崎県

林道から稜線を見上げると、ギザギザの岩峰が日の出前の空にくいこんでいた。やがて朝日を受け、それまでシルエットだった山が、岩の色を現わし始めた。どれが山頂かよくわからない。

昨夜使ったバンガローの水は、今朝は凍りついていた。道も凍り、凸凹が靴の底にゴツゴツあたる。

N氏と一緒に歩き始めた。樹林帯の道を登る。稜線の雪は、深いところで二十センチ程度だった。

N氏のペースは速く、私はとり残されてしまった。こちらは、無線機、テント、寝袋などを背負っているのでと自分をなぐさめる。

61 祖母山
1985年1月2〜3日

尾平（⌂7：00道に迷う7：30）－稜線（10：15）－祖母山（11：45△8：05）－国観峠（8：35）－五合目小屋（9：45）－神原（11：00）＝豊後竹田駅

山頂に着くと、N氏は下山寸前だった。約一時間遅れと教えてくれる。頂上直下の急斜面にN氏の姿が消えていった。

山頂からは九重の山々がよく見えた。それらは雲海の上に浮かび、そこだけ光っていた。雲の破れ目からさす太陽の光がスポットライトのようにあたっていたのだった。白く、神々しい姿だった。

山頂には簡易カイロがいくつも無雑作に捨てられていた。初日の出を拝むために登った人たちの多かったことをしのばせる。

霧が漂い、寒々としたなかを数人のパーティが登ってきたが、「証拠写真、証拠写

祖母山。遠景は九重連山。中央右のどっしりしたのが久住山、右端は大船山

真」とつぶやきながら撮影をすませると、すぐに古祖母山方面に下っていった。山頂は再び静かになった。

テントの中に入り、無線をした。福岡、愛媛、広島などの局と交信する。

翌朝、国観峠を経由して神原へ向けて下った。下りは急坂で、そのうえ、道をおおうように両側から雪をのせた木の枝が伸びている。枝を手で払うたびに服がぬれる。雨具をつける。

雪の上に足跡はないが、道を見失うおそれはない。沢沿いの五合目小屋はしっかりしていて、頼もしく見えた。

かなり下ってから、南国の明るい雨が降ってきた。神原の人家がポツポツと農村の風景のなかに納まっているのが見え、山旅が終わった。

公民館の軒下で雨宿りし、荷物を整える。雨があがり、もうひとり登山者が下ってきた。

やがて、空っぽのバスが着いた。バスは駐車場で方向を変え、竹田行き始発となる。乗りこんだのは二人だけだった。

62 恵那山

2191m　長野・岐阜県

ゴールデン・ウイークの時期、残雪に苦しまずに登れる百名山を探してみる。目はどうしても西や南のほうに向く。関西の山は登山不適期の幅が狭いので、今急ぐことはない。中部地方南部の恵那山を片付けることにする。

若い芽が　春に目覚めて　雪見かな　清隆

山頂付近の日陰には意外に残雪が多かった。木々には新しい芽が伸びて、季節は春に踏みこんでいるはずなのに、冬の置きみやげが無雑作に残されている。

残雪は、特に北面に多かった。神坂(みさか)峠側への下山路では踏み跡が消えかかり、目をこらしながら足を運ぶ。雪は水分が多く、尻もちをつくと、いとも簡単にぬれてしまう。かかとに力点をおき、一歩一歩雪に押しつけるように、心持ち勢いをつけて歩く。

春霞で、遠望はきかない。のんびりした雰囲気が山にあふれている。吹きわたってくる風は暖かく、どこか土や木のにおいをともなっている。

小広い雪の斜面で休んでいた五人パーティに会い、缶ビールをごちそうになる。残雪に手こずったらしい彼らはすでに山頂をあきらめて、ホロ酔い機嫌になっていた。

山の遅い春と、里の春との境目を歩き、霧ヶ原に着いた。

㉜恵那山

1985年5月3～4日

中津川駅＝黒井沢キャンプ場(12：55)－野熊ノ池(14：50)－山頂避難小屋(16：55)－恵那山(17：10△㋐9：00)－小屋(9：10～9：40)－休憩(10：10～10：40)－ヤグラ(11：50)－鳥越峠(12：30)－強清水(13：30)－霧ヶ原(14：45)＝中津川駅

*

恵那山登山は中津川駅前から始まった。同じ電車で降りた登山者はいなく、念のため、名古屋方面からの電車を待った。学生の二人連れが改札を出てキョロキョロしていたので、声をかける。タクシー相乗りの話がまとまった。

黒井沢キャンプ場を歩き始めたころは、新緑が目にしみこんで、網膜が緑色に染まってしまうかと思うほどだった。

野熊ノ池はのんびりしたところだ。流水に顔を近づけ、ゴクリと飲む。山腹を巻き

恵那山の山頂は樹林に囲まれて遠望は限られる。春霞のなかで無線を楽しむ

ながら樹林に道がつけられている。山頂の北側へ回りこんだあたりから残雪を踏むようになった。

　崩れかけた避難小屋（一九八七年に改築）をのぞく。小屋の土台の石組みが一部崩れかかっている。土間は流れこんだ水が凍り、スリップしそうだ。人の気配がして見回すと、天井に近い部分でゴソゴソ動いている登山者がいた。板を差し渡し、その上に寝袋を広げている。こういう状況らしいことを聞いていたので念のためテントを持ってきたが、それは正しかった。

　小屋近くの岩の上で休んでいた男性と話す。彼はスパッツ代わりに、ビニール袋を靴下の上にはいていたが、内からむれないものかと思う。彼も百名山をめざしていて、今回は東京からオートバイで来たという。

山頂まで平坦路を行く。頂上は日あたりがよく、雪はない。だれもいない〝地所〟に遠慮なく幕営する。山頂は一部、樹木にさえぎられていて全方位が見えるわけではないが、おだやかな春霞の景色が茫洋として、心のなかにも春風が吹きこんでくるようだった。

㊸草津白根山

2165m（本白根山）　群馬県

平地の気候はますます温暖になり、山の雪がどんどん解けているはずだ。北関東で登り残している草津白根山に出かけることにする。この山は歩程が短くて、問題といえば現地までの交通手段だ。一泊二日にすれば楽になるが、バイクを使えば日帰りもできそうだ。長距離走行の疲れを覚悟して、バイク・ツーリングで乗りこんでみる。

山頂近くまで志賀草津道路が利用できる。

まずは草津温泉をめざす。温泉街で温泉まんじゅうを買い、店の人から山の雪の情報を仕入れる。

草津白根山のお釜へは、遊歩道を歩いてたやすく登ることができる。駐車場から空身で登る。観光客のにぎわいになじめず、早々に下り、本白根山に向かう。

お釜のある草津白根山の白っぽい荒涼とした山容に比べ、本白根山山頂は樹木や笹に囲まれて、シンとしていた。

腕まくらで昼寝をする。寝返りを打つと、耳たぶにあたる笹の葉がくすぐったい。

63 草津白根山
1985年5月18日
白根火山バス停－お釜往復－白根火山バス停＝ロープウェイ駅（11:50）－本白根山（12:45㋐15:45）－ロープウェイ駅（16:25）

山頂の手前にはロープが張られ、「硫化水素ガスに注意」の看板があったことを思い出す。寝ている間に、風向きの加減でガス中毒をおこすかもしれない、と不安になり、立ちあがった。

往路を帰ろうとしたとき、霧に巻かれて近景しか見えなくなった。登ってくるとき、帰途の目印になるように残雪に必要以上に靴をけりこんでおいたのに、時間の経過で、判別しづらくなっていた。うろたえる。明確な地点を中心にして、放射状に何回か道をさぐる。シラビソの間を行ったり来たりする。おかしい。変だ。ちょっと急ぎ足になり、念のためにチェックずみの方角をもう一度歩いてみる。こんなはずはないと思案投げ首。頭を空っぽにして、再び別の方角をさぐる。

ふとしたハズミでルートらしいものに行きあたる。助かった。胸をなでおろす。地肌の道に出て、標識を見ると表情がさらにゆるむ。

火口壁がむきだしになっていて、月面のような地形を通過する。登山者にはひとりとして出会わない。バイクを停めておいたロープウェイ駅（二〇一八年に廃止）近くで、ロープウェイを点検している人を見ただけであった。

64 平ケ岳

2141m　群馬・新潟県

平ヶ岳。この山は、イメージのつかみにくいムードをもっている。なにかしら秘密のベールをまとっているようにも思える。かつては明確な登山路がなく、積雪期のほうが労力少なく登れたという。今では、麓の鷹ノ巣からピストンするコースが一般的になっている。

ポリタンクに水を詰めないで登り始めて失敗した。高度を上げるにつれて、ノドがかわいた。こんな経験は今までの山行では味わったことがない。体に力が入らず、フラフラする。水が欲しい。登山口の近くの沢には水があふれていたのに……。水を詰めてくるべきだった。心の底から反省する。しかし、もう遅い。台倉山の水場までしんぼうするしかない。

64 平ヶ岳
1985年6月7〜8日
浦佐駅＝銀山湖・奥只見ダム＝尾瀬口＝平ヶ岳登山口（11:00）−前坂（11:50）−下台倉山（13:25）−台倉山（14:45）−水場（14:55）−白沢清水（15:55）−姫池（17:35）−平ヶ岳（18:15⛺㋐8:20）−白沢清水（9:50）−水場（10:30）＝台倉山（10:50）−前坂（12:30）−平ヶ岳登山口（11:15）−砂子平＝沼山峠

＊

何回となく腰をおろして休む。会津駒ヶ岳や尾瀬の燧ヶ岳を眺める。会津駒ヶ岳、中門岳のスカイラインは平たく、燧ヶ岳の双耳峰は口をあけたように天に向かっている。登山路の左手は開けて展望がよい。斜面にシャクナゲの花がピンク色の花をつけている。

今回のプランは、上越新幹線の始発で上野を出発し、その日のうちに平ヶ岳に到達して、山頂付近で幕営することにしていた。浦佐駅からバスでシルバーライン経由で銀山湖・奥只見ダムまで行く。途中、長いトンネルがあり、よくもこんなに掘ったものだとびっくりした。銀山湖を渡る船は名古屋からの団体旅行の人ばかりで、登山姿はほかにはいなかった。尾瀬口から鷹ノ巣まで歩くことを覚悟していたが、団体用バスに乗せてくれることになり、時間短縮できた。バスを降り、ひとりとぼとぼ歩き始める。

＊

薄暗い樹林のなかで、ようやく水場案内の表示板を見つける。矢印方向へ下ってみる。残雪を踏み、枝をまたぎ、水気を含んだ泥の上などをたどる。もどかしい。太くはない沢に清水が流れていた。沢の下方には残雪があり、水はその下へもぐりこんでいる。もう少し早い時期であれば、水には巡りあえなかったかもしれない。そのときは、残雪をコッヘルで溶かすしかなかっただろう。

流水をすくい、思う存分飲んだ。飲みすぎは禁物という山の常識にはとらわれず、ゴクンゴクンとたてつづけに飲む。体に力がよみがえってきたようだ。ポリタンクを満タンにして、ザックのところまで戦勝した将軍のようにゆっくりと登る。

登山道に残雪が多くなってくる。道の一部に不明個所があり、腰をおとし、視線を低くする。木の枝と枝との間に人が無理なく自然に通れるような空間がトンネルのように見える。勘をまじえて歩く。先が見通せないときは、視線を左右に振ってみる。

樹林帯を抜けると道が明瞭になった。しかし、霧が出てきた。左手上方に平ヶ岳らしい円頂丘の山が見え隠れする。

姫池に着く。目の前に湿原がひろがる。平ヶ岳の手前で沢の水を確かめに下ったが、推定三、四メートルの雪に埋まり、流水は見えなかった。

平ヶ岳の頂上は、露地と草地とが低木に囲まれていて、狭い。この日はだれにも会わなかった。

平ヶ岳山頂は樹林に囲まれて狭い。残雪が目立ち、平坦面を見つけて幕営

寝袋の中に入り、目をつぶる。多分、平ヶ岳を中心にして半径数キロの範囲に、人間はだれもいないのではないかと想像する。地球

に間借りしている自分、を考える。

翌朝、テントを伝う水滴で雨を知る。しばらく様子をうかがったが、やみそうにない。もう一度寝袋にもぐる。まどろみの時間が過ぎる。寝袋の中で、テント撤収の手順を思い浮かべる。雨にぬれる時間を短くするために、ザックのパッキングはモタモタできない。意を決して撤収にとりかかる。雨がたたきつけてくる。

湿原の木道に出る。雨具が風にあおられる。姫池から下ると雨はやんだ。

登るときには気づかなかったコブシの群落を発見。蝶のように白い花が風で揺れる。白いかたまりがざわついている。白い動きにつられて、こちらの胸のなかにも躍動感がおこる。シャクナゲの花もあちこちに咲いている。

花を鑑賞してニッコリしながら歩き、ふと地面に目を落とすと、黒っぽいヘビが茂みに逃げこむところだった。冷水を浴びせられた気分になり、こぶしを握りしめ、胸の高さに持ち上げていた。ほどなくして、今度はマホガニー色をしたのがシッポを見せて、消えた。気色悪い。

かなり登山口に近くなり、登ってくる二人の登山者に会った。今回、山中で会ったのは、結局この二人だけであった。

砂子平のドライブインまで歩く。簡単な食事をする。店の話では、山開きのころ、クマが出た年もあったとのこと。

沼山峠までバスに乗り、尾瀬沼へ行く。ここで一泊し、燧ヶ岳に登り、大清水へ下山する。

□

平ヶ岳につづき、今度は越後駒ヶ岳にねらいをつける。この山域は、今まで自分にとって手つかずのゾーンだ。

65 越後駒ヶ岳

2002・7m　新潟県

「なんでこうなったんだろう」

とつぶやくハメになってしまった。目の前に涸れた滝が立ちはだかっている。今まで遡行（そこう）してきた沢をここで引き返すのはシャクだ。さっきから、道を間違えているこ

⑥⑤越後駒ヶ岳
1985年7月19〜21日

浦佐駅＝銀山平（9：20）－分岐（10：15）－源頭（12：00）－稜線（13：20）－道行山（13：30）－小倉山（14：40）－百草ノ池（15：30）－駒ノ小屋（17：00⌂8：05）－越後駒ヶ岳（8：25㋐10：15）－天狗平（10：55）－中ノ岳（14：15⌂9：00）－十字峡（12：30㊡13：20）－野中（14：55）＝六日町駅

とにはうすうす気づいてはいた。稜線の道になんとかはいずりあがろうとして、上へ上へと進んできた結果である。

右の斜面のほうが登れるかな、左のほうがとっつきやすいかな、としばし対面。結局、木の枝の多い左側を選ぶ。

以後、道なき道を歩く。木の枝は積雪期に雪に押されるためか、水平かむしろ下方に伸びている。そのうちの一本に手をかける。懸垂気味に体を引きあげ、さらに次の枝に手をかけて、枝の茂みのなかへもぐりこむ。たれ下がった枝は何重にも折り重なっていて、地面を踏むことができない。空間を見つけて、くぐり抜けていくしかない。まさにジャングルジムだ。

首を入れ、つかみやすい枝を手でさぐり、足場を決める。胴体を前進させようとすると、背中のザックが枝につかえる。さらに背を低くする。まだひっかかっている。あとずさりするのが面倒で、力ずくで前進する。目の前に枝が立ちふさがる。右か左のどちらに進むか。またぐほうがいいか？　浮いた枝に足をのせる。片方の足を別の枝にのせる。枝が揺れ、体が宙ぶらりんになる。地面に足がつかない不安定さ。手しか使えない。

片足を枝に引っかけたまま、一方の足をなんとか地面に戻そうとする。開脚状態になる。足をのせた枝がはねあがり、体が傾く。もがいて、ようやく足がはずれる。同じようなことを何回か繰り返す。そのうちに、空からポツリポツリと雨が落ちてきた。稜線は霧でけぶっている。もうそこが稜線ではないかという気もするが、しばらくはこのままの状態がつづきそうだという気もする。

水を飲む。レーズンを口に入れる。立ち小便する。体内の力が一度抜けて、次に落ち着きが生まれてきた。余分なエネルギー消費を極力避けて、ぼちぼち行くしかない、と気を取り直す。さいわいにも木の枝の間隔が今までよりは広くなってきた。

直登する。緑の葉が、ザーザーと体をなでていく。息が乱れるたびに小休止する。何回かの休みのあと、ふと見上げると、目の前に空間がぽっこりと開け、よく踏み固められた土が見えた。

道に出たのだ。大きな息をつく。なめしのきいた道を踏む。スタスタ歩けて、登山道のありがたさを思い知らされる。靴の中の水がジュクジュクと音をたてる。腰をおろして、靴下を脱ぎ、絞ってみた。黒い絞り汁が出る。ヤブこぎでついた枯れ葉や小がする。

枝をむしりとり、再び靴下をはく。冷たい。しばらく歩くと、またジュクジュクと音

霧が切れてきた。暗い気分がいくらかやわらぐ。駒ノ小屋にたどりつくころには、いつもの歩行ペースに戻っていた。

小屋番にヤブこぎのことを話すと、

「それじゃ、途中でいいものを見ただろう」

と言われる。

「……」

「天然のワサビが生えとったハズじゃ。それも群落でな。一本数千円はする」

そんなものを見る余裕はなかったし、もう一度行く気にもなれない。

夕食を終え、今日のことを振り返ってみた。

＊

銀山平で、道行山への道を教えてもらう。歩き始めたときはカンカン照りだった。タオルをかぶり、日の光を避ける。

沢に踏みこむ。若干、人の通った跡が見える。暑いときには沢沿いがいい。と、気

がゆるんだとき、足が滑り、尻もちをつく。水に落ちる。時間が空白になる。しまった。早く立ちあがろうとするが、気があせるだけで思うにまかせない。水が下着に届く。一拍も二拍も遅れて立ちあがる。手の爪がチクッと痛い。見ると、爪と身との間に小さな木切れがくいこんでいる。昔の拷問の一種にこういうのがあったことを思いうかべる。軍手をはめておくべきだった。

＊

駒ノ小屋では、寝る前に小屋番から、食べものはザックに入れて壁につるすようにと言われた。ネズミが出没するという。

ぬれたシャツや靴下が冷たく、寝袋の中でふるえた。体をまるめて寝る。着替えを用意しなかったことを反省。

翌朝、小屋前の引き水でポリタンクに水を詰める。

駒ヶ岳の頂上は小広い。ひとりぼっちの山頂でのんびりしていたら、次第に雲ゆきがあやしくなってきた。天空の遠くがゴロゴロと鳴ったような気がする。

中ノ岳へ急ぐことにする。気があせっているせいか、地面に足がなじまない。小さなアップダウンや道の石にいらだつ。

水を飲もうとして、ポリタンクの底をのぞいてビックリ。足の多い虫が二匹死んでいて、ゆらゆらと浮いているではないか。歩くたびに揺すったため、水そのものも虫の体液で濁っている。ノドの乾きに負け、虫を除去して少量だけ口にふくむ。

中ノ岳避難小屋近くに大きな残雪があり、水の確保におお助かり。雪をコッヘルに詰めておき、夕食までに少しでも溶けて水になることを期待する。

思惑どおり、ある程度は雪が溶け、燃料が節約できた。コッヘルの底に小さな黒いゴミが沈んでいる。いきなり火にかけていたら気づかなかったところだった。

夕方、中ノ岳でアマチュア無線をする。気づくと、アンテナがビリビリと音をたてていた。雷だ。撤収するときの動作の機敏なこと。小屋へ転がりこむのとほぼ同時に、バラバラと大粒の雨が屋根をたたいた。

避難小屋では、夜中じゅう雷雨に見舞われる。この小屋でもネズミが出没し、夜間に大活躍。

「ギャーッ」

闇のなかで、突然、叫び声がした。ネズミが登山者の顔の上を横切ったらしい。

十字峡への登山道は急坂の個所があり、南アルプスの三伏峠を思い出した。

下山時の暑さにまいり、十字峡の河原に下りて水浴びする。下着だけになり、川の水を頭から浴びた。その後の林道歩きも太陽に焼かれどおしだった。早朝に下山すればよかったと後悔する。そういえば、地元の登山者は早発ち（はやだ）だった。

⑯薬師岳 ⑰黒部五郎岳 ⑱笠ヶ岳

〈薬師岳〉２９２６ｍ　富山県
〈黒部五郎岳〉２８３９・７ｍ　富山・岐阜県
〈笠ヶ岳〉２８９７・６ｍ　岐阜県

北アルプスには、薬師岳、黒部五郎岳、笠ヶ岳の三山を残している。これらは夏山シーズンに行くのが最良だと思う。せっかく稜線に上がるのだから、下らないで三つをつなぐのが効率がよい。二度に分けず、一度に歩いてしまうことにする。

折立から太郎兵衛平へ向かう。晴天。暑さにたまりかねて何回も木陰などで休む。薬師峠の幕営地で水をがぶ飲みする。いくら飲んでも飲みたりない。もうこれまで、と水場を離れようとするとき、もうひと口飲んだ。水のおかげか体がシャキッとする。

66 薬師岳
67 黒部五郎岳
68 笠ヶ岳

1985年8月14～17日

富山駅＝有峰口＝折立（7:30）－太郎兵衛平（11：25㊡11：45）－薬師平（12：00㊡12：25）－薬師岳山荘（13：40㊡13：55）－薬師岳（14：45㋐16：55）－薬師岳山荘（17：15⌂5：25）－太郎兵衛平（6：30）－北ノ俣岳（8:10）－黒部五郎岳（11：25㋐14：00）－黒部五郎小舎（15：20）－三俣山荘（17：25⌂6：00）－双六小屋（8：00㊡8：25）－大ノマ乗越（9：50㊡10：00）－抜戸岳（12：30㋐14：05）－笠ヶ岳山荘（15：05㊡15：40）－笠ヶ岳（15：55㋐17：40）－笠ヶ岳山荘（17：50⌂6：50）－分岐（7：35）－杓子平（8：15）－林道（10：45）－新穂高温泉（11：30）＝松本駅

薬師平の大きなケルンを通過する。上から長い髪の女性がひとり下りてくる。サングラスをかけているため、人相はよくわからない。彼女はニコリともしないで下っていった。

薬師岳山頂は岩が積み重なっている。立派な祠が祀られていた。頑丈そうで、これなら冬の積雪にも耐えられそうだ。

休んでいるうち、いつしか午後の霧が下方から上がってくる。空のどこかでゴロゴロ鳴ったような気がして、のんびりしていた気分に緊張感が走る。砂礫の道を小走りして、小屋に戻る。

日暮れどきに雲がなくなり、槍・穂高、黒部五郎、その上にわずかに笠ヶ岳、右奥に御嶽が見えた。

翌日、太郎兵衛平へ戻る。太郎兵衛平から黒部五郎岳への稜線は気持ちのよいプロムナードだ。チングルマが栗色の毛を風になびかせている。幼児のやわらかい頭髪のようだ。チングルマの和名〝稚児車（ちごぐるま）〟を実感する。なだらかな丘のような起伏が見わたせ、自分自身がその景色のなかに溶けこんでいくように感じる。すでに歩いているもうひとりの自分を見ているような、不思議な気持ちになった。この稜線歩きは息の乱れが少なく、歩くたびに見え隠れする山名を確認する楽しみがある。

薬師岳は依然として大きい。槍ヶ岳の穂先がのぞいている。歩くにつれ、水晶岳、鷲羽岳が目立ってくる。赤牛岳と薬師岳との間に立山、白馬岳などが姿を見せる。やがて剱岳も見えてきた。

笠ヶ岳、乗鞍岳、御嶽が流れるような稜線を見せる。まるで、その流麗さを競っているようだ。

黒部五郎岳が近づく。ハイマツの間に雪渓がある。雪にコンデンスミルクをかけて、登山者にふるまっているグループがいた。ザクザクしたかき氷のような雪をごちそうになる。頭のシンがキーンと冷える。

黒部五郎岳の頂上からは雲ノ平が見下ろせる。笠ヶ岳がつり鐘のような形をしている。日よけのない頂上で、岩の上に腰かけていると汗ばんできた。

頂上から、稜線伝いに黒部五郎小舎へ下る。途中で道がわからなくなり、カールの斜面を無理やりに下る。砂や小石が多く、靴をのせるとザーッと崩れる。カールの底へ下り、庭園のような地形を横切る。白い岩石が散らばり、草地の間を遣り水のように水が流れている。

黒部五郎小舎をあとにして、急坂を登る。ハイマツ帯に飛び出し、視界がひろがる。三俣山荘までは霧に巻かれ、ひたすら歩くのみだった。この日は少し歩きすぎた。三俣山荘は混んでいて最上階(屋根裏)で寝る。明日は、双六小屋を経由して笠ヶ岳まで行くことにする。

抜戸岳の上で休んでいたら、南のほうから黒い雲が次第にボリュームを増し、こちらへ向かってくるような気配を見せていた。静岡県沿岸の人と無線で交信したところ、下界は雷雨とのこと。耳をすませると、遠くでゴロゴロと鳴っている。急がなければ。抜戸岳は、双六小屋から笠ヶ岳への稜線上とはわずかに離れている。まず縦走路まで下る。ハイマツ帯のなかの道には石が多く、なかには浮いているものもある。平坦な尾根道に出て、笠ヶ岳へと急ぐ。方向としては、黒い雲に突っこんでいくことなる。

雨がパラパラときて、乾いた登山道に黒いシミができ始める。小屋までなんとかまにあうかもしれない、と思っていたのに、その手前の幕営地でついに雨具を着用する。さっきのゴロゴロが、ガラガラという音に変わっている。角度も、だいぶ頭の真上に近くなった。水場から帰ってきた女子大のワンゲル部員がポリタンクを二、三かかえているが、ぬれネズミになっている。岩の積み重なりの上をたどり、笠ヶ岳山荘に飛びこむ。

夕方、雨が小降りになり、頂上まで登る。

笠ヶ岳山頂には大きなケルンが林立し、霧のなかで異様な景色を構成していた。岩陰で雨を避けるが、ついに晴れわたることはなかった。

翌朝、小屋の前で日の出を待つ。見上げると、頂上部が朝日を浴びている。太陽は槍ヶ岳の近くから昇った。逆光のため、槍ヶ岳から穂高連峰にかけて、黒く長大な屛風のようだ。

もう一度、頂上に登る。御嶽、乗鞍岳、富士山、南アルプスまで見える。今回歩いた薬師岳、黒部五郎岳を目でたどる。今までに登ったことのある峰々の情景をゆっくり反芻(はんすう)するのは格別の味わいだ。

新穂高温泉への下りは、日ざしの強い急坂つづきでイヤになった。杓子平では、涸れたのか、水場がわからなかった。

新穂高温泉で汗を流したのち、タクシーに相乗りし、松本へと向かった。

⑹⑼ 空木岳

２８６４ｍ　長野県

夏山シーズンが終わり、秋に登る山を検討する。新雪が来るおそれのある山を先に終えるほうが、その後の選択幅を広くすることになると考えて、中央アルプスの空木（うつぎ）岳を選ぶ。

ほぼ十年ぶりの中央アルプスだ。千畳敷から、さっそく稜線に向けて歩く。以前歩いた登山道の記憶はほとんど残っていない。

宝剣岳の手前まで行ってみる。あらためて、ルートを目で追う。登山を始めたばかりのころに、大胆にもここを通過したものだと、過去の自分に少しあきれる。

方向転換し、空木岳に向かう。縦走路の先に空木岳がよく見えた。登山道は意外にアップダウンが多く、快適とはいえない。もっとも、夜行列車で来た体にはどこを歩いても疲れやすいかもしれない。

稜線で休んでいたら、目の前を白い蝶が舞った。風の流れに身をまかせているのか、右へフワリ、左へ急旋回、と気ままそうだ。朝の冷えこみがきついだろうに、こんな高さでよくものんきに飛んでいられるものだ。

木曽殿越（きそどのごし）の山小屋にたどり着いたころ、霧がたちこめて寒々とした景色になった。

(69) 空木岳
1985年9月14～15日
駒ケ根駅＝しらび平＝千畳敷(8:30)－極楽平(9:00㊡9:40)－檜尾岳(12:05㊡13:05)－熊沢岳(14:07)－東川岳(15:32)－木曽殿越(16:00⌂6:05)－空木岳(7:10㋐9:05)－池山小屋(12:10)－駒ヶ根高原(15:30)＝駒ケ根駅

二階へ上がる。

窓からカモシカが見えた。カモシカは立ったまま、ジーッと小屋を見ている。いわゆるカモシカの寒立ちだ。微動だにしない。カモシカはその姿勢で何を感じているのだろうか。人恋しくなったのか。哲学的なことでも考えているのか。十分間以上立っていたが、ある瞬間、何かを思い出したように茂みのなかに姿を消してしまった。

木曽殿越側から間近に望む空木岳。稜線に出て大岩の間の白い砂礫を踏む

翌朝、空木岳に登った。空木岳の頂上は花崗岩とザラついた白砂からなっていた。

南駒ヶ岳への稜線が長い。小屋で同宿していた人たちが次々に到着する。肌寒い気候だ。昨日、稜線でヒラヒラ飛んでいた白い蝶はどこでこの風を避けているのだろうか。頂上で長居する登山者の姿は少なく、あわただしく歩き去ってゆく。

空が「もうダメです」と耐えきれなくなったように雨粒を落とし始めた。せかされるように頂上直下の小屋をめがけて下る。

小屋の内部は整然とし、寝袋が常置されていた。

空を見上げると、山頂付近に霧がかかっている。霧は下方を襲う構えのようだ。霧にからみとられないように、下山のペースを速める。樹林のなかの道は、草の伸び方などから判断するとあまり歩かれていないみたいだ。おもしろみのない下りをたんたんと下る。

駒ヶ池付近には行楽の車が多い。そういえば、山頂からここまで、登山者にはひとりも会わなかった。

70 男体山

2486m 栃木県

北関東の日帰りできる山として残しておいた男体山に出かける。この時点で、南アルプス・光岳も残っていて、どちらにしようかと迷ったが、休暇の都合、雪の到来時期などを考えて、まだ南アルプスはあとまわしにしておいてもよいと判断した。

中禅寺湖畔の木々が色づき始め、湖面には秋の風がわたっていた。

⑰ 男体山

1985年10月13日

東武日光駅＝中禅寺温泉（9：15）－中宮祠（9：35）－五合目（10：35）－男体山（12：20㋐14：40）－中宮祠（16：40）＝今市駅

中宮祠(ちゅうぐうし)から歩き、山門をくぐる。登山道は樹林の下につけられている。静かで、しっとりした道だ。気温がやや低めのため、汗をかかなくてすむ。樹林の背が低くなるころ、中禅寺湖がにぶい銀色の水面をのぞかせた。道は次第に火山性の土砂になる。

下のほうで人の気配がした。ぐんぐん近づいてくる。歩くペースはかなり速い人だ。いつ追い越されてもいいように、道の中央をあけて歩く。登山姿を予想していたのに、現われたのは、手さげバッグを持った背広姿の男性だった。

「速いですねェ」

「旅行の途中です。ちょっと登ってみようと思って……」

彼は立ちどまることなく、上方の霧に吸いこまれていった。

山頂は霧のなかだった。空気中を、霧の粒子がチリチリと流れてくる。あずまやでセーターを着る。霧が屋根の下を素通りし、セーターに微細な水滴を残していく。髪に手をやると湿っていた。山頂には初冬がしのび寄っている。どこかうらさびしい。三、四人の登山者が登ってきたが、声がはずむわけもなく、まるで霧に押さえつけられたかのように言葉が少ない。

霧の切れるのをしばらく待ってみる。見切りをつけて早く下ろうか。気分も中途半端になったまま時間が過ぎる。首をすくめて、両手を膝の間にはさんだままじっと座りつづけた。

新しく登ってきた登山者の声を聞き、急に下山する決心がつき、腰をあげた。途中で一緒になった地元の男性と下る。紅葉のなかを歩き、湖畔近くまで来たとき、通り雨に見舞われた。冷たい雨にぬれないように、すぐ雨具を取り出す。一緒になった男性の車に乗せてもらい、今市(いまいち)駅まで出た。

⑪ 光岳

２５９１・５ｍ　長野・静岡県

畑薙第一ダムでバスから降りる。ほかに登山者はだれもいない。前回と同様、バス停そばの売店でソバとおでんを食べる。ひんやりした秋の風が通り抜ける。

林道を歩く。汗がにじんでくる。大吊橋の手前で荷物をおろし、肩をぐるぐるまわ

71 光岳
1985年10月17～20日

新静岡駅＝畑薙第一ダム（12:30）－大吊橋（13:25）－ウソッコ沢小屋（14:50）－中ノ段（15:40）－横窪沢小屋（16:25⌂6:05）－樺段（7:35）－茶臼小屋（8:20㊡8:40）－茶臼岳（9:20）－仁田池（9:40）－易老岳（11:00）－分岐（13:45）－イザルヶ岳往復－光小屋（14:15㊡14:55）－光岳（15:15㋐17:05）－光小屋（17:20⌂6:00）－易老岳（7:40）－仁田岳分岐（9:15）－茶臼小屋の上（10:25㊡11:00）－上河内岳（12:25㋐14:50）－聖平小屋（16:10⌂6:20）－滝見台（7:50）－吊橋（8:50）－聖沢橋（9:50）－赤石渡（10:25）－トラックに拾われる（12:00）＝畑薙第一ダム（12:20）＝新静岡駅

して筋肉をほぐす。吊橋の最低部まで、湖面に向かうような角度で下る。足の下方の水面に流木が寄り集まり、氷の結晶のような抽象模様を描いている。

ヤレヤレ峠を越す。

ウソッコ沢小屋の戸をあけてみる。内部は整頓されてきれいだ。

夕暮れが近いころ、赤い落ち葉を踏みしめて横窪沢小屋に着く。だれもいない。休む間もなく、とりあえず湯をわかしてラーメンを作る。小屋前の畑に青菜があり、つみとってラーメンに入れてみる。

小屋の奥はまっ暗で、何かがひそんでいるような気がする。入口近くに寝袋を広げ、早々と横になる。寝袋の口をすぼめ、顔面だけ出す。目玉だけ動かしてキョロキョロ見まわすが、まっ暗闇で、網膜を刺激する色素は何もない。音もない。耳の中にワーンという音が広がる。

どれくらいの時間が経過しただろうか。少しは眠ったと思う。

ガサッ。突然、屋根に音がする。ひと吹きの風で枯れ枝が落ちたようだ。いつしか再び眠りにおちていた。

茶臼小屋の手前で雨となり、ポンチョをかぶる。下山する単独行者に会う。しばらくしてもうひとり下ってきた。同じ百名山病にかかっている人たちかもしれない。

茶臼小屋で雨宿りする。小屋の中に白い息が長くのびる。ポンチョをかぶったまま腰をおろしたら、パーンという音がして、ビニールのポンチョが裂けてしまった。ザックの下に無理に敷きこんだので、力が加わったらしい。低温で強度が落ちていたのかもしれない。ブルッと寒気がして、胴ぶるいする。

稜線に出ると、冷たい雨が西側から吹きつけてきた。茶臼岳は強い雨と風で、そのまま通過する。樹林に下ると風が弱くなった。

仁田池では、倒壊した小屋が霧の向こうにボーッと見えた。静岡大ワンゲル部の四人と会う。彼らも、フードの下からぬれた前髪をたらしていた。

倒木や窪地を見ながら進む。さすがに南アルプスらしい山の深さだ。易老岳では雨は小やみになった。

センジヶ原の手前で沢の冷たい水を飲む。

センジヶ原はおだやかな地形で、今までのうっそうとした景色とはうって変わり、明るい。箱庭のように、コンパクトにまとまっている。

荷物を置き、ウインドブレーカーを着て、イザルヶ岳に向かう。木の枝におおわれた細い道をひと登りすると、円頂丘に出る。砂礫におおわれて、あっけらかんとしている。

光小屋（現在は光岳小屋）では静岡大のメンバーと一緒になる。

光岳の山頂は樹林に囲まれていて、展望はない。これなら、先ほどのイザルヶ岳のほうが開放的だった。標高や名前の差で光岳のほうが衆目を集めたのかもしれない。

木の幹に、だれかの「百名山完登」のプレートや、どこかの山岳会の「日本海から太平洋までの縦走」の木札がかかっていた。山頂の先に進むと南側が開けているが、空なのか海なのか、判然としない空間だった。しばらく眺めて、ふと目を落とすと、靴のヒモが軽く凍っていた。

小屋に戻り、湯をわかそうとしたが、ガスボンベが軽く、残量が心配になった。スペアを用意しなかったのは迂闊（うかつ）だった。明日一日なんとかもてばいい。まさかのときのために、今日はコンロを使わないことにする。火を通さなくても食べられるものを並べてみる。菓子パンを選び、水を飲みながら夕食とする。

静岡大のメンバーがあたたかいコーヒーをすすめてきた。こちらの様子を察したのかもしれない。隣人に感謝する。

朝、窓から聖岳、上河内岳が黒々と見えた。小屋の外はいちだんと寒かったようだ。水たまりには、朝の冷えこみが薄氷を置きざりにしていた。ウールの手袋をつけているが、編み目を通して冷気が刺しこんでくる。

三吉(さんきち)のガレをのぞこうとして道をはずれてみる。木陰を何かが動いた。鹿だ。

大きい体が飛ぶように跳ねていった。あっというまのできごとだった。それ以降、意識して静かに歩いた。気づかれずに、もう一度彼らの姿を見たかった。しかし、期待はかなえられず、二度と遭うことはなかった。

青空がひろがっている。昨日と同じ道なのに、ずいぶん明るい。

仁田池から茶臼岳を巻こうとしたが、途中で灌木のなかにまぎれこんで道を失う。縦走路に比べて踏み跡が細く、足裏に枯れ草のやわらかさが伝わってくる。

左手上方に茶臼岳の岩が見える。胸ぐらいの高さのハイマツ帯を泳ぐように進む。ハイマツの青い匂いが鼻をつく。足が木の下枝にからまり、難渋する。額に汗が浮き出る。天気がよかったおかげで有視界（？）歩行ができたが、悪天のときは引き返すべきところだった。

上河内岳への稜線を歩いているうち、冷たい風に吹かれた。汗が引っこみ、少し寒いぐらいだった。

お花畑で、亀甲状土（きっこうじょうど）を見る。

上河内岳から聖平小屋の屋根が見えた。頂上から下り始めるころ、霧が稜線を乗っ越してきた。

聖平小屋は五年前に来たときのままだった。土間の左側の、前と同じ位置に荷物を置く。夕方、霧の向こうで鹿がピーッピーッと鳴いていた。冷気を突き抜けてくる鳴き声には透明感があった。

次の朝、聖平から聖沢沿いのコースを下る。集中豪雨でもあったのか、何個所かの道がつけかえられていた。

沢をはさんで、反対側の山肌に灰色の斜面が見えた。動物たちが土に含まれる塩分などをなめにくるという〝ベト場〟だ。

林道歩きは長い。何回も荷をおろし、ため息をつく。大吊橋の手前でトラックに拾われて、畑薙第一ダムに着いた。

第四章　『百名山』の長尾根にあえぐ

七十一山で年を越す。登り残しの分布をあらためて眺めてみる。依然として北海道は手つかずで九山。関東以北が十一山、本州中部に五山、関西は三山、中国地方一山だ。

北海道にはおいそれと行けない。三回ぐらいに分け、ひと夏に一回として三年かかる。これを軸に考えると、夏以外の季節は、北海道以外の地域に出かけることになる。雪を避け、マムシに出会わない季節を選んで割りふってみる。

それにしても、北海道は荷が重い。百名山のうち、北海道九山をはずし、残り九十一山だけを対象にしようかという気持ちにさえなってくる。

⑺⑵ 奥白根山

2578m 栃木・群馬県

初夏に、奥白根山に登る。

日光湯元のバス停から歩く。あたたかい風にのって、白い羽毛のようなものがたくさん飛んできた。何かの種子のようだ。うっかりすると息のなかにも入ってきそうだ。スキーのゲレンデ跡は石がごろごろして歩きにくい。スロープ最上部からは樹林のなかに入る。

急登がつづく。

天狗平でひと休みする。前白根山まではゆるやかな登路だ。

前白根山の山頂は白っぽい砂礫や石でおおわれて、火山らしい景色となる。奥白根山へのルートが見えるが、一度下ってまた登るのを目前にして、小さく舌打ちする。眼下に五色沼がひろがっている。五色山への登山道が草を分けて伸びている。いかにものんびり歩けそうな雰囲気のルートだ。

72 奥白根山

1986年6月14日

東武日光駅＝日光湯元（10:00）－稜線（11:35）－天狗平（12:05）－前白根山（12:35）－避難小屋（12:55）－奥白根山（14:00㋐15:00）－弥陀ヶ池（15:30道を探す15:50）－避難小屋（16:20）－前白根山（16:45）－日光湯元（18:05）＝東武日光駅

避難小屋はしっかりした造りだ。窪地のような地形を過ぎて、最後の登りとなる。

頂上には岩同士が押しあってできたような凸凹が見られる。もやがかかり、遠景は望めない。岩の上に座っていてもくつろげないので、下山することにした。

ガレを登ってくる母娘に会う。五色山付近のシラネアオイがきれいとのこと。

弥陀ヶ池は静まり返っていた。五色山への道を探したが見つからなかった。十年前のガイドブックを持参していたため、道がつけかえられたことに気づかなかった。通り合わせた地元の人に聞くと、国境平からの中ツ曽根コースは笹の根で滑りやすいとのこと。予想外に時間を費やす可能性があり、往路へ戻ることにした。

五色沼のほとりは波が打ち寄せ、波のなかから何かが現われそうだ。夕暮れを前にして、少々不気味だ。

避難小屋を通過する。あとは登路を下ればいい。安心感にくるまれる。

前白根山で、さっき会った母娘二人に追いつく。

バスの時刻が気になり、どんどん距離をかせぐ。段々のある斜面をドスンドスンと下る。これでは足に悪いが、この際は時刻優先だ。バス停に着いたとき、バスは発車五分前というきわどさであった。

⑬ 利尻山

1721m（南峰）／1719m（北峰）　北海道

夏になり、突然、北海道行きのプランが飛びこんできた。仕事上つきあいのあるH氏らが、夏季休暇に北海道内を車で移動するという。誘われて、即座にその話にのる。

H氏、N嬢の二人と登る。鴛泊港から歩き始めたとき、上空には雲がたれこめ、山頂は姿を見せない。

七合目あたりで雨となる。山頂から下ってくる人たちの足元を見ると、土砂でかなり泥まみれになっている。そんなにぬかるんでいるのだろうか。頂上近辺の様子を通

⑦③ 利尻山

1986年7月31日～8月2日

稚内港＝鴛泊港（11：00）－キャンプ場（11：47）－甘露水（12：05）－七合目（14：25）－長官山（15：15⌂6：40）－利尻山（8：15㋐17：00）－長官山（17：45⌂9：25）－甘露水（11：00㊡12：00）－ポン山（12：30）－姫沼（13：30㊡14：00）－鴛泊港（15：10）＝稚内港

りすがりの人に尋ねてみた。稜線に出ると相当な風雨で、体が吹き飛ばされそうだという。なかには頂上を断念した人もいた。

その夜は予定どおり長官山（ちょうかん）の避難小屋に泊まる。小屋は斜めに傾き、谷側へ落ちそうだ（その後、小屋は改築された）。入口近くには、新聞紙、空き缶、空き瓶、ビニール袋などが山積みになり、異臭を放っている。はめ板がはがれ、強い風のため雨が吹きこんでくる。床にあった余分な板を当てがうが、何回目かの風で、また〝窓〟があいてしまった。ひと晩じゅう、トタン屋根に雨が打ちつけられる。

朝、雨はやんでいたが、山頂部は依然、霧におおわれている。

山頂近くでは、火山礫に靴がうずもれて歩きにくい。その急坂の上に頂上があった。風がやや冷たい。ウインドブレーカーを着て、時を待っていたら、薄日がさしてきた。

無線で、宮崎、高知、和歌山県の局と交信できる。

ローソク岩の根元や、鬼脇コースの途中まで行ってみた。高山植物が多い。ときどき霧が切れ、深い沢筋がのぞいた。雪渓が光る。上空は青空となり、水平線らしいものが見えるような気もする。陸地なのか雲なのか、判別しがたい。樺太（からふと）が見えることもあるというので注視してみたが、確認できなかった。

長官山の小屋に戻り、再び宿泊。

近くの雪渓の尻で水をくんでくる。涸れる寸前のチョロチョロ水だった。前日の雨で多少水量が増してこの程度だ。

翌朝は晴天となり、山頂が明瞭に見えた。急に余裕が出てきて、小屋内を清掃することにした。湿った新聞紙を燃やしたり、腐食しかかった缶やポリエチレンの容器を分別する。そのうちに、次第に整理する喜びが出てきたのは不思議な感情だった。

登山者がつぎつぎ登ってくる。

H氏、N嬢は沓形（くつがた）へ下山する。こちらはポン山へのコースをとる。

ポン山は、利尻山の好展望台だ。山裾の広大な原生林の上に、とがった利尻山がそびえている。毅然として見える。姫沼への道には草が生い茂り、歩く人が少ないことをうかがわせる。薄気味悪い雰囲気のなかを行く。利尻にはクマがいないことになっているので気が楽だ。

姫沼には観光客が多く、登山姿は似あわない。海岸沿いを歩き、H氏、N嬢とおちあう。ウニ丼を食べ、稚内（わっかない）行きの船上の人となった。

74 旭岳（大雪山）

2290・9m　北海道

稚内の高台にあるキャンプ場はきれいに整備されて気持ちがよかった。ここで幕営し、翌朝、レンタカーで旭川に向かう。

サロベツ原野の売店で焼き肉をむさぼり食う。

旭川のビジネスホテルに宿泊。

朝、旭岳温泉へと車を走らせる。ロープウェイ駅でH氏、N嬢と別れる。

ロープウェイの姿見駅から歩き始め、旭岳、黒岳をめざした。

旭岳石室までは、遊歩気分の観光客が多い。目の前に旭岳がドデンと座り、地獄谷が痛々しく傷口を開いている。

頂上までに石のザレた道があり、歩きにくい。足を踏んばってもズズーッと滑る。次こそはしっかりと靴底が固定できるところに足をのせるぞと気を入れるが、やっぱりズズーッ。浮いた石を避け、土中に埋まった石の上を選んだときには踏んばりがきき、グーンと体が引きあげられる。

旭岳山頂は砂礫におおわれ、のっぺらだ。黒岳方面が見わたせる。丸みをもった高原状の山がつづく。

下ると大きな雪渓となった。下のほうでは冷たい水が得られた。

登山コースには適当にアップダウンがある。稜線を歩き、沢を渡ったり、雪渓が間近に見えたり、あきのこないコースだ。高山植物の花も多い。花は小柄だが、この場所が好きだからここで咲いているのです、とでもいいたげに、それぞれぴったりと風景におさまっている。

⑭旭岳（大雪山）
1986年8月4日
旭川＝旭岳温泉＝ロープウェイ姿見駅（9:05）－旭岳（11:05㋐12:30）－北海岳（13:55）－黒岳石室（15:05）－黒岳（15:25）－リフト駅（16:10）＝層雲峡＝上川駅

黒岳石室では、行く手をはばまれるように、霧に巻かれる。縦走の終わりに日がかげってしまった。

黒岳頂上には人が多かった。シマリスが観光客の近くを走りまわり、愛嬌（あいきょう）をふりまいている。本州では目にすることのできない光景だ。

リフト、ロープウェイに揺られ層雲峡へと下り、上川（かみかわ）駅に出た。

上川駅で、札幌発網走（あばしり）行きの夜行列車を待つ。

夜遅く、サイクリストやバイク・ツーリングの若者が到着する。彼らは駅の軒先に荷物をおろし、コッヘルなどを出して食事準備をする。お互いに情報交換をしている。深夜、車に乗った地元の若者たちが駅前の広場で急ハンドルを切り、タイヤをキュルキュルと鳴らしてはどこかへ去る。しばらくしてまた戻ってくる。ゾローッとしたスカートをはいた女の子三、四人がその車を意識して、または無視して、たむろしている。

網走駅には早朝に着き、乗り換えて清里町（きよさとちょう）駅で下車する。

75 斜里岳

1547m 北海道

清岳荘（せいがく）までタクシーで入る。運賃メーターのアップが気にかかる。そんな心配をよそに、タクシーは山道をどんどん分け入る。

清里町駅に荷物を置いてきたので空身同然だ。斜里（しゃり）岳の頂上部は雲にからまれて、タクシーの窓からは裾野がボーッと見えているだけ。だめか……、天気は回復しそうにない。

清岳荘を出発するとき、小屋番から声をかけられた。沢沿いの増水状況をあとで知らせてほしいとのこと。余談だが、と前置きし、「関東から来た登山者が、登る前には丹沢程度の標高かと言って気安く出発したが、下ってくるなり、さすが北海道の山ですね、と様子が変わったことがある。単に標高だけを目安にしないように」と言う。

清岳荘からの道は、すぐ沢沿いの道となる。

小雨が降っているし、草もぬれているので、上下セパレートの雨具をつける。沢が増水しないかと気になる。さいわい、流れは細い。岩の川床を踏んで登る。不思議に、ぬれた岩で足が滑ることがない。むしろ、グッグッと靴底が川床にひっかかる。ピタッとしたステップとなる。

ぬれねずみの単独行者が下ってきた。

狭い沢の両側は青々とした樹林で、上空は灰色がおおっている。

沢の勾配がゆるくなり、流れがやせて、稜線の肩に登り

⑮斜里岳

1986年8月5日

網走駅＝清里町駅＝清岳荘(9：00)－下二股(9：25)－上二股(10：00)－馬ノ背(11：00)－斜里岳(11：15㊡11：25)－清岳荘(13：05)＝清里町駅＝網走駅＝美幌駅

着いたような気配になる。馬ノ背の下部は滑りやすい斜面だった。風は弱い。ところが、馬ノ背へ出ていきなり風が強くなった。吹き降りのため、風上に顔を向けることができない。雨具のフードがパタパタとうるさい。

石のガラガラした道の途中で、数人のファミリー登山者と会う。強風のなかで一服している。なにもこんな吹きさらしの場所で休まなくてもいいのにと思ったが、彼らの顔はニコニコとおだやかで、こちらもつい心がなごむ。地元の家族らしい。

山頂は小広く、中央に山名表示の台座があった。風を避けるために四、五メートル下る。風の弱い場所を見つけ、腰をかがめたまま菓子パンをかじる。

景色はまったく見えない。とうてい長居できず、ザックの口をしめ直し、下り始める。立ちあがると風でよろける。頭のなかは早く下ることしかない。

沢沿いの道で、不意に横から何かが飛んできた。小鳥だ、と思った瞬間、翼がほおをかすめた。鳥も相当あわてているのがわかる。無我夢中で翼を使っている。飛ぶ方向は二の次だったのかもしれない。人の気配を感じ、多分、逃げるタイミングが少し遅れたのではないかと思う。

清岳荘で予約していたタクシーを待つ。

雨はやんだ。雨具のズボンについた泥を水で洗い、風にさらす。車が来るまでのわずかの間に、雨具は九分どおり乾いてしまった。

清里町駅から網走駅に向かう。今日は美幌(びほろ)まで移動する。

雌阿寒岳(阿寒岳)

1499m 北海道

美幌駅近くの古いホテルに泊まった。三十年ほど前に皇太子殿下が宿泊したことがあるというホテルだが、今はかなりくたびれた感じだ。

阿寒(あかん)湖でバスを乗り継ぎ、雌(め)阿寒温泉(野中温泉)に着く。H氏らとおちあうことになっている旅館に荷物を置き、雌阿寒岳に向かう。

樹林帯の道を登る。登山口には「クマに注意」の看板があった。少し暗く、静かな登りがつづく。クマが出るような気もするし、出ないような気もする。おそるおそる歩いているときは、口はきっちり閉じて、目がつり上がり気味になる。

火山性の岩が目立ち始め、樹林帯を抜けたおかげで周囲が明るくなる。

雌阿寒岳（阿寒岳）
1986年8月6日
美幌駅＝阿寒湖畔＝雌阿寒温泉（11：15）－七合目（12：30）－雌阿寒岳（13：10㋐15：20）－オンネトー（16：30）－雌阿寒温泉（17：15）

頂上に近いのかどうか、霧でよくわからない。火口壁の近くには達しているらしい。ときおり、ゴーという噴火口の音が風にのってくる。ロープ沿いに伝っていくと、コンクリート製の台座があった。

アマチュア無線をしていたら、早池峰山頂（岩手県）に登っていた知りあいの人と交信できた。霧が切れ、雄(お)阿寒岳らしい山も見えたが、すぐに霧に隠れた。

砂の上を動くモノがあり、目で追うと、ネズミのようだ。台座の下にもぐりこんでしまった。ひょっとしたらナキウサギだったかもしれない。

オンネトーへの道は樹林のなかで、暗くジメーッとしている。あまり静かに歩いていると、クマに気づいてもらえないと思い、ときどき口笛を吹いてみる。

オンネトーの水面は、いかにも伝説が生まれそうなあやしさをたたえている。水色の水、というのもおかしいが、淡い青色をしている。湖面を右手に見ながら、雌阿寒温泉まで歩いた。（雄阿寒岳登山は２９８ページ参照）

□

雄阿寒岳を登り残したまま北海道の遠征を終えた。今度は本州北部などの残り十山が気になってきた。しかし、いかにも重い。しかも、朝日連峰、飯豊連峰の二つは、双方とも二泊三日以上必要で、骨が折れそうだった。

プランをたてているだけで、口の中が乾いてくる。無意識のうちにツバをのみこんでいる自分に気づく。出発前に押し入れや机の引き出しの中を整理した。

76 大朝日岳

1870・7m 山形県

初秋に、まず朝日連峰をめざした。

朝、薄暗い小屋の中で目をこらす。寝袋に入ったまま、視線で周囲をさぐってみる。色のない空間。窓ガラスを通して、外気がほの白い。窓からのかよわい光がかろうじて部屋の中に届いている。

男が闇のなかで私を見下ろしていた。ムムッ。たしかにこちらを凝視している。寝

⑯ 大朝日岳

1986年8月31日～9月3日

小国駅＝朝日平（15：00）－針生平（17：00）－針生小屋（17：25）－角楢小屋（18：15⌂5：20）－水場（7：50㊡8：15）－分岐（9：20）－水場（10：25㊡10：40）－平岩山（11：05㊡11：40）－大朝日岳（13：00㋐14：10）－大朝日小屋（14：20⌂5：20）－西朝日岳（6：35）－竜門山（7：20）－寒江山（8：35）－狐穴小屋（9:30）－以東岳（11：10㊡11：30）－オツボ峰（12：05）－大鳥池（13：15⌂6：30）－泡滝ダム（8:35）－大鳥の手前でトラックに拾われる（11：00）＝大鳥＝鶴岡駅

袋の中にいる私はまんじりともせずに、薄目をあけて、彼の様子をうかがう。ゾクゾクとくる。襲われる？

ほんの短い時間が経過し、緊張が解けた。

「お先に出ます」と、その男性。寝ている私を起こしてまで声をかけるかどうか、ためらっていたようだ。大朝日小屋に泊まり合わせたのは彼と私だけだったから、黙ったまま出発しづらかったのだろう。

「アッ、お気をつけて……」と儀礼的に言葉を返す。

男性が明けきらぬ朝の霧のなかへスッと消えていくのを窓から見送った。

＊

朝日連峰のイメージのなかに、大鳥池の怪魚〝タキタロウ〟が大きな部分を占めていた。かなり大きな魚がいるという。下山口を大鳥池に決める。

朝日連峰の名称そのものは明るいが、入山したときから、薄気味悪さがつきまとう。入山者さえ多ければ、印象も違ってくるとは思う。

一泊目の角楢(かくなら)小屋が、朝日連峰の一面をまずのぞかせた。三角の屋根だけの小屋。床にはゴザかムシロか判断つきかねる敷物。樹林帯の狭い平地に建てられ、夕闇につつまれるのが早い。蚊が寄ってきて、落ち着かない。一度蚊の音が気になりだすと、それまで聞こえていた沢の音がどこかへいってしまった。

手短に食事をすませ、寝袋を広げる。蚊取り線香に火をつける。この蚊取り線香は、今日、朝日平(五味沢)から歩き、林道で会った渓流釣りの人たちからお情けでもらったものだ。小国(おぐに)駅近くの雑貨屋で虫除けシートを買いこんできたが、「そんなんじゃ、きかない」と彼らに言われた。たしかに蚊が多い。寝る前に、もうひと巻き余分に火をつけた。

今日の行動を振り返る。

＊

角楢小屋の手前では、初めての鉄線橋を経験し、さすが朝日連峰だと感じ入ってしまった。

一回目の鉄線橋では、これはてっきり吊橋が壊れ、片方が落ちてしまったのかと思い、靴を脱いで徒渉した。

二回目の鉄線橋で、ようやく事情がのみこめた。その〝片方が落ちた吊橋〟は、あやとりのハシゴのような構造になっている。それを避けては通過できない地形となり、頭のなかに電球が灯った。これを渡るのだ。

足をのせる鉄線と、手でつかむ鉄線を伝い、カニの横ばい式に進む。背中の荷物でバランスを崩しそうになる。慎重に渡る。もっとも、二本の鉄線だけでなく、揺れないように補助線が両岸から張られている。しかし、ゆらゆら揺れる。その揺れの周期に逆らわないのがいい。

鉄線橋がなぜこのような構造になっているのか、そのときにはわからなかった。あとで聞いた話では、この地帯は雪が多く、通常の吊橋では、横板に積雪の重みが加わるという。それを防ぐために降雪期の前に横板を取りはずす手段もあるが、春に再度敷き直す手間を嫌って、鉄線橋方式を採用するらしい。

＊

角楢小屋からの歩き始めは、圧倒されるようなブナ林がつづく。気持ちが落ち着く。

鉄線橋。積雪しないシンプルな構造だ。鉄線をつかみ、小幅に横歩きする

動きの緩慢な茶色っぽいヘビが二、三匹出る。茂みに姿を消してしまうのや、山道にシッポを突き出したまま動かないのもいる。こぶしを胸の前で合わせ、口をゆがめたままそそくさと通過する。ヘビのいない稜線へ早く登りたい。

平岩山の広い砂礫の上で横になる。まぶたが重くなり、眠りに落ちる。秋の涼しい風に浅い眠りが揺り動かされ、目が覚める。

大朝日岳の頂上は広いとはいえない。霧にさえぎられ、展望を楽しむことはできない。

大朝日小屋は新しく、木の香りが漂っている。塗料のにおいも混じっ

ブロッケン現象。霧からの思わぬプレゼント

ている。頼もしい造りで角楢小屋とは段違いだ。金玉水（きんぎょくすい）はおいしいとは思わなかった。銀玉水の評判がいいが、今回はそこまで下る元気はない。いつか飲むことにしよう。

朝、大鳥池へ向けて歩く。西朝日岳を越すころ、日がさしてきた。ブロッケン現象を見る。心のなかで歓声をあげる。

狐穴小屋近辺の草原には、キスゲ、マツムシソウなどの花が残っていた。

以東岳（いとう）の近くでは、再び霧に目隠しされる。沈んだ気持ちで下山していたら、霧の層に穴があき、樹林の海がひろがった。

大鳥池の青い水面が見える。原生林をはぎとったようで、ムササビが飛んでいるような形にも見える。いかにも動き出しそうだ。

大鳥小屋には、地元の人たち数人が山道補修のため泊まりこんでいた。毎日、以東小屋まで通うのだという。登山者の靴が山道をいためているのか……。

夕食時、彼らからご飯の差し入れがあった。どんぶりに大盛りだ。怪魚〝タキタロウ〟の話をうかがう。一年前、体長七十センチ、胴回り五十センチという大きいのが釣れたが、タキタロウではないだろうという。

夕食後、大鳥池の水面を眺める。手前の木々が風でざわめく。台風接近らしい。

朝、稜線には雲が走っていた。

下りの折り返しの多い道で、何回となく沢の水に出会い、そのたびに口に含んでみる。うまみのある水だ。口の中でやわらかく転がる。

人に会わない登山道を歩きつづける。泡滝(あわたき)ダムからは林道となる。大鳥集落まで、台風の余波による雨のなかを歩く。

□

つづいて飯豊連峰。話によると、「百名山」のために遠方から来る人は、朝日、飯豊を一回にまとめ、それぞれピストンに近いプランでこなすケースがあるという。これらの大きな図体のある山域は、それでは少しもったいない気がする。

朝日連峰から一度帰京し、九日後に飯豊連峰へ出直す。

77 飯豊山

2105・2m（飯豊山）／2128m（大日岳）　山形・福島・新潟県

磐越西線山都（やまと）駅からのバスは一ノ木までしか入らず、川入（かわいり）まで歩くことを覚悟する。夏季にはバスが運行されている区間だ。

一ノ木のバス停で荷物を整えていたら、川入へ帰る老婦人が声をかけてきた。近所の人のトラックで帰るので、よかったら乗れという。遠慮なくそれに従う。

地蔵小屋（現在は廃止）は雪を避けるためか、解体され、積み上げられていた。三国岳からは、飯豊山頂は雲のために見ることができなかった。気落ちしたように、トボトボ歩く。

切合（きりあわせ）小屋近くで単独行者に会う。彼は幕営準備をしているところだった。飾り気のない服装、相手の反応を確かめながら余分なことをしゃべらない話し方、もの静かな態度など、自分にも似たような点があるのかもしれないと思う。

本山小屋にはだれもいなかった。外は、まとわりつくような霧が漂う。空気が重い。

小屋の外へ出る気にならない。二階に上がって、荷物を広げ放題にして寝る。

夜が明けた。霧は取り払われていた。飯豊山頂がゆるやかな稜線の先に見える。

飯豊山頂には岩が多かった。大日岳や北股岳などの主たる峰々が見わたせた。

稜線漫歩の快適な道がつづく。御西（おにし）小屋の下に雪渓があり、その下部まで下りて水を取る。冷たいが、うまいという味はしない。

大日岳でアマチュア無線を楽しむ。その間、登山者はだれも来なかった。御西小屋に戻って、二泊目の夜を過ごす。

翌朝、小屋を出て、大きく深呼吸をした。気のせいか、なんとなく、潮かヨードのようなにおいがしていた。日本海からの風が運んでくるのかもしれない。

　地元の女性四人のパーティがにぎやかな話し声とともに小屋に着く。あたりにはばかることなく、その声の大きなこと。キャラキャラとよく笑

⑰飯豊山

1986年9月12〜14日

山都駅＝一ノ木＝川入（10:05）－御沢（10:40）－横峰（12:35）－地蔵山（13:05）－三国岳（14:00㊡14:10）－種蒔山（14:55）－切合小屋（15:12㊡15:25）－本山小屋（16:55⌂7:50）－飯豊本山（8:03㋐9:50）－御西小屋（10:35㊡11:25）－大日岳（12:20㋐16:00）－御西小屋（16:42⌂7:30）－御手洗ノ池（8:20）－烏帽子岳（9:10㊡9:20）－カイラギ小屋（10:05㊡10:50）－北股岳（11:10）－門内小屋（11:50）－扇ノ地紙（12:07）－五郎清水（13:05）－滝見場（13:35）－湯沢峰（14:05）－飯豊山荘（15:00）＝小国駅

御西岳側から飯豊本山を望む。初秋でもところどころに雪田が残っていた

う。付近が急に明るくなり、おおらかなムードに一変した。「昨夜の夕食はたくさん食べたわね」「今日は、天狗ノ庭で昼寝しようね」などと、くったくのない話をしている。

天狗ノ庭、御手洗（みたらし）ノ池を越し、烏帽子岳に到着したころ、突如、霧に目隠しされてしまった。風も冷たくなってきた。足を速める。スリップを恐れて、石転（いしころ）ビ沢雪渓を避ける。

北股岳から扇ノ地紙へは快調にとばす。高度を下げると、霧の層の下へ突き抜け、下界が見えてきた。

梶川尾根の途中で、コースから右側をのぞくと、石転ビ沢の雪渓が樹間越しに見える。雪渓を登るひとりの登山者がアリのように確認できた。まるで垂直に登っているようだ。

梶川尾根は次第に急傾斜となり、膝にこたえる。歩くのがいやになってしまうくらいだ。ステップのたびに、足に響く。口をだらりとあけて、ドスンと足をおろしたときに口がゆがむ。

飯豊山荘には、釣り人やワゴン車などで来たキャンプの人たちが多かった。飯豊山荘の屋根が真下に見えるが、なかなかはかどらない。

新潟市内からの家族連れに焼き肉をたっぷりごちそうになる。山荘の人の話だと、紅葉の見ごろは一週間後とのこと。

78 巻機山

1967m　群馬・新潟県

紅葉には少し早いかもしれないと思いながら巻機山（まきはた）に出かけた。

桜坂の駐車場から歩く。まもなく、視界に天狗岩の大岩峰が飛びこんできた。

視界のきかない樹林帯となり、右に曲がったり左に折れたりを繰り返しながら登る。

⑦⑧ 巻機山

1986年10月5～6日

六日町駅＝桜坂（9：00）－七合目（11:00）－ニセ巻機山（11:45）－巻機小屋（11：50㊡12：05）－巻機山（12：25）－牛ヶ岳（12：47㋐15：10）－巻機山（15：25㋐17：25）－巻機小屋（17：35⌂）－巻機山往復－巻機小屋（10:50）－七合目（11:25）－桜坂（12:25）－清水（13:00）＝六日町駅

犬を同行した地元の男性と歩調が合い、しばらく話しながら高度を上げる。

犬は先々かけ登ったり、心配顔で立ちどまっていたりする。主人とつかず離れずの範囲内で山を楽しんでいる様子だ。はたして登山の目的地、これからのコース状況などをのみこんでいるのかどうか。あんなにハネまわって、後半バテることにならないのか、気にかかる。

中腹を越し、視界がひろがる。少し紅葉している。

ニセ巻機からは、巻機山が対斜面に見える。稜線部は一部、草もみじとなり、夏のなごりの部分をヒタヒタと秋が染めている。

避難小屋に荷物を置き、牛ヶ岳まで足を延ばす。稜線部は気持ちのいい遊歩道で、膝を激しく上下させることなく歩ける。

牛ヶ岳からは、武尊山らしい山が見えた。雲が流れて、景色の一部しか望めないので断定できない。武尊山といちおう仮定しながら、越後駒ヶ岳などの方向を見やる。

避難小屋の宿泊者は、一、二階とも数人ずつだった。一階の土間には犬も一匹いる。

夜中によく吠えてうるさかったが、ある区間を一緒に登った仲なので、許せる気分になった。

次の朝、巻機山まで登ってみたが、晴れてはくれなかった。

下山間際に、男性の単独行者が登ってきた。寡黙そうだ。草の露を避けるためか、なぜか雨具のズボンをはいていた。その雨具はよく使いこまれていて、股の部分はすり切れ、穴があいている。もっとも、股の部分は少しあいているほうが通気性がいい、と思う。

彼はザックのあちこちを盛んにさぐっている。ポリタンクをどこかに落としたらしい。心あたりのある場所まで下ってみると言うなり、彼は空身ですぐ歩きだした。

八合目付近で、下から引き返してくる彼に出会う。しょげかえっている。聞くと、谷川方面へ縦走するという。ポリタンクなしでは苦しいと思い、私のポリタンクを進呈する。

清水の集落で、〝山菜だらけソバ〟を食べる。

品名「山菜だらけソバ」。地産の恵みテンコ盛り

具の山菜がいやになるぐらいどっさりとのっていた。食べたあとも口の中にエグ味が残り、帰京後もしばらくは山菜を食べる気にならなかった。

□

巻機山を終えた時点で、関東以北では東北地方の山が八山残った。十月の中旬にまとまった休みが一週間近くとれることになり、作戦を練る。

吾妻山、鳥海山はそれぞれ一泊二日行程を必要とする。ほかの六山は一日一山ずつこなせそうだ。数をふやすことを優先し、六日連続六山のプランとした。

六山のまわり方は、まず東京から遠くの山へ出向いて、次第に東京に戻るコースを考えた。

南下することに決めた理由は、この一週間に雪がくる可能性があり、北上コースは不利だと思ったから。もし途中で体調が悪くなれば、残りは次回にまわし、吾妻山、鳥海山と組み合わせることにしようと、気持ちに余裕をもたせる。

⑲岩木山

1624・6m　青森県

弘前駅前のビジネスホテルに泊まり、朝一番のバスに乗る。嶽温泉で降りた登山者はほかに地元の女性二人。

八合目の駐車場から頂上を往復するのはおもしろくないので、せめて登路は麓から登る。嶽温泉の売店で水を補給し、歩き始める。

樹林の道は、思わぬ拾いものをしたような気持ちのいい道だった。静かで、しっとりと湿った黒い土が靴の底をやさしく受けいれてくれた。

八合目に近くなるころ、黄葉が盛りだった。頂上部を仰ぎ見るが、霧に隠されている。リフトの発着場に着くと風が強く、長そでシャツを着る。再び静かな登山道。

稜線部では、リフト利用の観光客や登山者が多くなる。

⑲岩木山

1986年10月10日

弘前駅＝嶽温泉（7：05）－八合目（8：40）－岩木山（9：25㊡9：55）－八合目（10：30）＝弘前駅＝青森駅＝酸ヶ湯

岩場などを越し、天空が開けて、頂上に着いた。頂上は岩が積み重なっていた。山頂名の入った太い四角柱が激しく裂けていた。落雷にでもあったようだ。

霧に切れ間ができ、急に登山者たちの声が頂上にはずんだ。麓にリンゴ園がひろがっている。リンゴの木の下に敷かれた太陽光反射用のアルミ箔が、鏡のように光を照り返す。北海道方面は残念ながら見えなかった。

八合目へ戻ると、日本海側の海岸線が眼下に延びていた。

八合目から、弘前駅行きのバスに乗った。

80 八甲田山

1584・5m（大岳）　青森県

青森駅の案内所で聞くと、酸ケ湯（すかゆ）温泉の宿は予約客でいっぱいだという。なかばあきらめて、青森市内のビジネスホテルに泊まろうとしたが、念のために現地へ電話してみた。しつこく聞いてみると、酸ケ湯温泉付属のバンガローがあるという。貸し寝袋で泊まれるとのことだが、こちらは寝袋とマット持参である。早速、現地へ向かう。酸ヶ湯温泉の浴場は大きく、薄暗い照明のなかで人がうごめいていた。女性客も多い。何種類かの湯船に入ってみる。うたせ湯も試す。湯が目にしみて、痛い。売店で明日の食料用に菓子パンなどを買い、暗い道を歩いてバンガローに帰る。

朝、明るくなり、〝日本山脈縦走基点〟の標識横から入山する。樹林の道をたどる。それを抜けると、火山性の岩石がむきだしになっている沢沿いの道となる。上に行くほど景色が荒々しくなるものとばかり予想していたが、湿原などが現われ、意外にしっとりとした景観となった。

霧が漂ってくる。仙人岱（せんにんたい）避難小屋に立ち寄ってみる。まだ寝袋にくるまっている人がいた。大岳手前で雨が落ちてきた。

山頂は強い吹き降りで、体が風に押される。反対側から登ってきた人たちがほうほうのていで下っていく。岩陰に荷物を置き、少しの間待っていたら、薄日がさしてきた。見るまに霧がひいてしまった。

⑳ 八甲田山
1986年10月11日
酸ヶ湯（⌂6：00）－仙人岱避難小屋（7：20）－八甲田山・大岳（8：00㊡8：20）－大岳避難小屋（8：30）－井戸岳往復－大岳避難小屋（9：00）－酸ヶ湯（10：10）＝十和田湖＝後生掛温泉

青空だ。岩木山だ。青森湾だ。あっというまに天気が急転回し、気持ちが躍る。あまりの幸運に喜ぶ。青森市内の建築物がちまちまとひろがっている。しかし、霧がすぐ盛り返してきた。

短い時間であったが、景色が見える見えないの差は大きい。ツキに見放されなかったことに満足し、下山する。

大岳避難小屋から井戸岳を往復する。ここでは景色は何も見えなかった。

八甲田山はこれで下るのみ、と思っていたら、毛無岱（けなしたい）で目を見開くことになった。眼下にひろびろと、紅葉の原が展開していた。きつね色の草原、赤くなった広葉樹。まさに錦。ところどころに池塘が散りばめられ、水が空の青を映している。

木の階段を下り、木道をたどる。原は明るく広い。遠くに岩木山が浮かんでいる。

振り返ると、大岳がこんもりと盛り上がっている。

先ほどまでは今夜の宿のことなどを考えていたが、毛無岱のすばらしさによって、それはどこかに消えてしまった。秋の色にゆったりとひたっていくことにする。錦繡（きんしゅう）に圧倒されてしまった。

81 八幡平

1613・3m　岩手・秋田県

奥入瀬渓谷沿いの車道が渋滞し、バスは大幅に遅れた。十和田湖畔を散歩して、後生掛温泉行きのバスを待つ。この夜の宿は、バス待ち中に電話で申し込んだ。後生掛温泉に着く。日はとっぷりと暮れているうえ、霧が出て、バスを降りたとき、方向がさっぱりわからなかった。

夜半には雨になる。

朝、窓の外には静かな雨が降っていた。十和田湖では紅葉はいま一歩だったが、ここは見ごろである。雨の様子を気にしながら、荷物整理をする。屋根のひさし近くにある排気口から温泉の湯気が白く漂う。

後生掛研究路を歩く。

大深温泉に着き、もう一度温泉に入る。黒い泥の湯船など

81 八幡平
1986年10月12日
後生掛温泉（🏠8：40）－大深温泉（9:05㊡9:40）－苗代（10:40）－八幡平（11:45）－レストハウス（11：50）＝東八幡平＝松川温泉

大深温泉近くの看板。緊張感をともなって歩く

を試してみる。外に露天風呂があった。どうせぬれているので、雨は気にならない。湯は乳白色をしている。中年の女性が入ってくる。

日程上、長居するわけにもいかず、登山靴をはく。

登山道の近くには、〝クマ出没注意〟の看板があった。

だれにも会わず、心を閉じきって歩く。高度を上げるにつれ、紅葉がなくなり、冬の景色に近くなった。

依然、雨は降っている。沢沿いの道で、石伝いに歩く。ときどき流れに踏みこみ、靴の中に水が入る。靴下がぬれて冷たい。

ふと見ると道標の片側が白くなっている。風に吹きつけられた雪だ。いつのまにか、雨が雪に変わっていた。たじろぐ。東北の山に雪がきたのだ、とツバをのみこむ。

八幡平(はちまんたい)山頂には、丸太が組まれていた。修復工事のようだ。手っ取り早く証拠写真を撮り、駐車場へ急ぐ。蟇沼(がま)や八幡沼の景色がうすら寒い。

㉜ 岩手山

2038m　岩手県

東八幡平でバスを乗り換える。バス停で、岩手山から下山してきたグループに会う。岩手山でもかなりの降雪だったとのこと。

松川温泉に着く。ここでも小雨模様だ。木の葉が秋の冷たい雨にぬれている。

次の日、ふとんの中から外を見る。やはり雨が降っていた。

登り始めは、紅葉のなかを行く。あまり歩かれていないためか、木の枝が登山道にかぶさっている個所が多く、難儀する。道は滑りやすい。雨具をつける。

木の葉や草の露で全身ぐっしょりぬれる。雨具の撥水性が劣えているのか、水がシャッに通り、内からの汗と結びつく。

沢沿いで水を飲む。樹間から遠景がのぞき始めるが、上空には霧がたれこめている。

眼下には紅葉がまだら模様に散らばっている。

姥倉(うばくら)山あたりで、遠くに人の気配を感じて立ちどまるが、山は静かなままだった。

㉜ 岩手山

82 岩手山
1986年10月13日
松川温泉（⌂7：20）－三ツ石山分岐（9：25）－黒倉山（9：55）－不動平避難小屋（12:00）－岩手山（12：30㊡12：45）－不動平避難小屋（13:00㊡13：45）－御神坂駐車場（15：40）＝盛岡駅＝仙台駅

網張（あみはり）コースと合わさり、尾根上を行く。不動平避難小屋までは土の色が黒くなり、その上に雪が残っていた。黒と白のコントラストが新鮮に見える。

途中で、うしろから来た男女二人に追いつかれる。さっきの人の気配はこの二人だったのかもしれない。

避難小屋で二人と一緒になる。そろって頂上に向かう。ザクザクの砂礫は歩きにくい。降雪が強い風で運ばれてくる。頭部は、フードを通して冷たさが伝わってきて、偏頭痛をおこしそうだ。

何体かの石像が霧のなかから姿を現わす。エビのシッポが十センチ以上に成長して、まるで、石仏が氷のコンクリートで固定されたようだ。

山頂に着く。石積みや板が氷の彫刻のようだった。氷の転がった製氷室のような景色をバックに、三人で写真を撮る。彼らは缶ビールを飲む。寒さに耐えられず、そそくさと下山する。

避難小屋で二人と別れる。二人は八戸（はちのへ）市から車で網張温泉に来たとのこと。

御神（おみ）坂コースの下りで道を間違え、二十分ぐらいロスする。右の沢の方向に曲がりすぎ、踏み跡が細くなってきたことにハッとして、引き返す。

途中で霧が薄くなり、青空がのぞく。紅葉に日がさしてあざやかさを増した。一部急坂もあったが、下るにつれて静かな山道歩きが楽しめた。

御神坂のバス停で、リンゴをかじりながら、赤黒くなった岩手山が次第に黒ずんでいくのを眺めた。

盛岡駅に出て、新幹線で仙台に着く。

⑧③ 蔵王山

1757・8m（刈田岳）／1841m（熊野岳）　宮城・山形県

仙台駅近くのビジネスホテルを出て、牛丼屋で朝食をとる。

バス発着場でキップを買おうとしたら、地元の人に、「遠距離なら、回数券を買い、不足分だけプラスする方法が安上がりになりますよ」と教えられる。

山腹の紅葉をバスの中から楽しむ。

⑧③蔵王山

1986年10月14日

仙台駅＝刈田岳駐車場（10:40）－刈田岳－熊ノ岳（11:27㊡11:35）－地蔵山（11:57）－ロープウェイ駅（12:10）＝蔵王温泉＝山形駅＝湯殿山ホテル

刈田岳（かった）は、駐車場から近い。ひとまず刈田岳に登ってみた。お釜が霧に見え隠れしている。

お釜の水面をじっくり見たくなり、縦走路から脇道にそれて近づいてみた。わずかの距離なのに、大勢の観光客たちはここまでは足を延ばさない。

熊野岳までは広い稜線上の道となり、電柱のような柱が立ち並んでいる。吹雪や霧に巻かれて迷わないためか。たしかにだだっ広い尾根道だ。おだやかな傾斜の山道は、連日の山歩きで疲れた足には助かる。東北の山に入って、もう五日目となる。

熊野神社は石垣に囲まれていて、寒い風を避けるのには好都合だ。登山者にはほとんど出会わない。地蔵山を下るころ、背広姿の観光客の姿がチラホラ見えてきた。

ロープウェイのゴンドラの中から、頂上部の紅葉を眺める。中腹の木々はまだ色づいてなかった。

蔵王温泉から山形駅に出て、湯殿山ホテルに向かう。途中の車窓から、朝日連峰らしい山並みが認められた。月山はなだらかな山体を横たえている。その月山のふところへとバスは走った。

⑧④ 月山

1984m 山形県

湯殿山ホテルにチェックイン。ホテル内の売店で明日の食料を物色したが、菓子パンがなく、代わりにアン入りの大きなまんじゅうを二個買った。

夜中に窓の外を見ると、星が出ていたのでニンマリ笑ってふとんに入り直す。

夜が明けた。期待に反して小雨が降っていた。シュンとなる。ホテルの送迎バスで湯殿山神社近くまで乗せてもらう。

神社の本宮では靴を脱ぎ、はだしになって〝ご神体〟に参拝する。大きな丸い岩がご神体そのものだ。お湯の流れるコースをひとめぐりする。湯殿山神社から登山道を歩くのはただひとりだった。上方から重い霧がのしかかってくるかのようだ。

枯れ草などが秋の雨に打たれ、ますます元気がない。遠望のきかない道をひたすら登る。ときおり薄日がさすものの、霧は完全には晴れない。

鍛冶(かじ)小屋（現在は廃止）を見送り、わずかに登ると台座が見えてきた。頂上に着い

84 月山

1986年10月15日

湯殿山ホテル（⌂）＝湯殿山神社（6：50）－施薬小屋（7：25）－月山小屋（8：50㊡9：20）－月山（9：30㊡9：50）－施薬小屋（10：40）－湯殿山神社（11：05）＝仙人沢＝山形駅

たと思い、セルフタイマーで写真を撮る。風が強い。霧がどんどん流れていく。

もう少し先まで行ってみようと歩く。無人の小屋に着き、戸をあけて中でひと休みする。吐く息が白い。ポリタンクの水を飲みながら、大きなまんじゅうを食べる。体が冷えてくる。背中をまるめて、ガイドブックを見直す。なんということか、山頂はまだ先だ。

石垣に沿って歩く。石組みのすきまをかいくぐって、真横から雪が飛んでくる。

月山神社は石積みに囲まれていた。その裏手にまわり、三角点まで行く。雪が遠慮なく吹きつけてくる。景色が期待できず、早々と退散する。

仙人沢に着く。朝方に湯殿山神社で一緒になった老夫婦と再び会った。埼玉から車で来たという。混雑する週末を避けてドライブに出かけるのが楽しみとのこと。このあとのスケジュールを話しあっているうち、山形市内へ行くのならこの車に乗りなさい、とすすめられる。その言葉に甘える。街道沿いの店でラ・フランスなどを買いながらの気楽なドライブとなった。

東北から帰ってきて、あらためて『日本百名山』の目次を見る。目はどうしても西日本に向く。中国地方に伯耆大山、関西に大峰山、大台ヶ原山、伊吹山、北陸に荒島岳が残っている。

この秋に登れる山を三山選ぶことにした。一日一山ずつとして、まず大山。夜行列車で移動して伊吹山、その日に越前大野まで行き、翌日に荒島岳を登ることにする。もし雪で都合が悪くなれば荒島岳を大台ヶ原山に変更してもよい、との作戦をたてる。

85 大山

1709・4m（弥山）／1729m（剣ヶ峰）　鳥取県

東京駅から新幹線で岡山駅に行く。伯備線に乗り換えて伯耆溝口駅で降りる。バスの連絡が悪く、駅前で時間をつぶす。小さなタコ焼き屋に入り、地元の客の方言などを耳にする。

空は晴れわたっている。大山寺に向かうバスは下校の小学生でいっぱいになった。

つり鐘のような形の大山がバスの真正面に見えてきた。実になだらかな山容だ。

その日は大山寺の旅館に泊まった。

朝、大山の頂上方向を見上げたが、稜線は雲で見えない。チッと舌打ちする。

⑧⑤ 大山

1986年11月6〜7日

岡山駅＝伯耆溝口駅＝大山寺（⌂6：35）－六合目（7：50㊡8：00）－頂上小屋（8：35㊡9：00）－弥山－剣ヶ峰（9：20）－ユートピア（9：55㊡10：10）－三鈷峰（10：20）－中宝珠越（11：05）－大山寺（12：05）＝米子駅＝京都駅

一木一草運動の看板を見て、心持ち大きめの石をザックに入れる。一木一草運動とは、崩落する大山を見捨てないで、登山者が一個でもいいから石を山頂部へ運び上げようというもの。

ブナ林は静けさを保っていた。六合目避難小屋で宿のおにぎりをひらく。

ダイセンキャラボクの純林がつづき、登山道は木道の個所もある。美保湾の根元に米子（よなご）市街が見える。一木一草の石を所定の場所に投げ出したが、この大きな山体にどれほど有効なのか、少し無力感におそわれる。

頂上の小屋はガランとして、登山者はだれもいない。小屋番が、ガラス窓の向こう

弥山（左）と剣ヶ峰（右）。崩壊気味の稜線を目の前にして思わず息をのむ

で寝ていた。大きく息を吐く。白い息のかたまりが風にこわされることなく、空間に吐き出され、まもなく消える。休んでいると、体が冷えてくる。

　弥山の先は崩壊が激しく、不慣れな人は通行しないように、との看板があった。やせた稜線を目で追ってみる。もし危険だと感じたら引き返すつもりで足を進める。慎重に、慎重に。両側が切れ落ち、かたずをのむ。強い風でも吹いていたら、危ないところだ。

　ようやく剣ヶ峰に着く。下から霧がじわじわとわいてきて、上方をうかがっている。

剣ヶ峰の下方で、風を避けながらひと休みした。北壁が崩落し、山肌がそがれている。崩落の音がする。シャラシャラ、コロコロ、ガラガラ、ザザーッ。

小さな石が斜面からはがれて落ちる。連鎖反応をおこすように何個かの石が転がり、谷をめがけて飛んでいく。下方で音が尾をひいている。音が落ち着くまでに、次の崩れがおきる。かろうじて壁にしがみついていた小石を風が落とすのだろうか。間断なく、どこかで音がする。大山がやせ細る悲しい音だ。

三鈷峰は、北壁を眺める好個の展望台となっている。荒々しい面が、眼前にひろがる。昨日のバスから見たやさしい姿とは似ても似つかない。

樹林の道には枯れ葉が積もっていた。稜線の厳しさに比べて心がやすまる。中腹まで、枯れ葉の音を道連れにする。

宿の風呂で汗を流す。

昨日連絡しておいた学生時代の先輩が米子市内から車で来てくれ、美保ヶ関までドライブすることになった。海をへだてた大山が夕日を浴びて、こんもりと盛り上がっていた。

86 伊吹山

1377・3m　滋賀・岐阜県

米子駅から夜行列車に乗り、山陰本線・福知山経由で京都に朝方着く。東海道本線に乗り換える。通勤、通学客の多い時間帯となる。近江長岡駅で下車。

バス停で、下りの東海道本線で来た男性の単独行二人と一緒になる。ひとりは出張のついで、もうひとりは友人の結婚披露宴に出席のついで、とのこと。伊吹山はついでに登る山か。

リフト駅の上方は開けて明るい。のっぺりしたスロープを登る。つづらおりの道からは、田畑、人家などが眼下に見下ろせる。

頂上は風が強かった。明日に登る予定の荒島岳が見えないかと思ったが、さっぱり見当がつかない。昼食は、結婚披露宴ついでの男性と一緒にとる。山頂までバスで来た観光客が、

86 伊吹山
1986年11月8日

京都駅＝近江長岡駅＝上野登山口（8:55）－六合目（10:40）－伊吹山（11：30㊡12：25）－上野登山口（14：00）＝長浜駅＝福井駅＝越前大野駅

寒さから逃れるように小走りで駐車場に引き返す。

往路を下る。風はなく、やわらかい日ざしのカヤトのなかをぐんぐん下った。バス停に着いたら、先に下っていた出張ついでの単独行者は、なんと背広姿になっていた。

長浜行きのバスに乗り、今日中に福井市内か越前大野へ行くことにした。

87 荒島岳

1523・4m 福井県

福井駅から、荒島岳登山口の銀嶺荘に電話してみると、今夜の宿泊受付はすでに終わったという。作戦を変更し、大野市内のビジネスホテルに電話してみる。運よく部屋がとれたのでひと安心する。

明け方、ベッドで上半身を起こし、カーテンを引いてみた。日の出直前だった。荒島岳らしい山が見える。朝日はちょうどその荒島岳らしい稜線近くから光芒を放ち、山体がシルエットに姿を変えた。

勝原(かどはら)駅では、ほかの登山者もバラバラと降りた。

近くの民家で荒島岳登山口への道を尋ねたら、小型トラックに乗せてくれることになった。エンジンのぬくもりを待たずに発車し、車道をとばす。駅で一緒に降りた登山者たちを追い越す。運転手から、山頂付近はこの秋になって何回か雪が降ったが、解けてしまったとの話を聞く。

銀嶺荘からは、スキー場のスロープを歩く。急斜面の直登はつらい。幅広い斜面をジグザグに歩くことにする。スロープを登りきったころ、下のほうに先ほどの登山者グループが小さく見えた。

山道が細くなる。樹林にはばまれて、遠望は得られない。かなり登ったころ、樹林帯が明るくなった。木の葉が落ち、裸になった枝の間から雪の白山が見えた。白山は平たく、おだやかな山体で寝そべっている。朝の光を受けて神々しい。しばし白山を眺めたあと、再び頂上へとつま先を向ける。斜面をゆっくりたどる。

カヤトの先に頂上があった。そこには屋上つきの建物が

87 荒島岳

1986年11月9日

越前大野駅＝勝原駅＝銀嶺荘(7:30)－シャクナゲ平(9:10)－荒島岳(10:05㊡10:40)－シャクナゲ平(11:10)－銀嶺荘(12:15)－勝原駅(12:30)＝美濃白鳥駅＝岐阜駅

建っていた。山頂から白山を存分に眺める。風が冷たい。ここの最高所は建物の屋上だなと気づき、念のために登る。垂直のハシゴを握る手が冷える。

登山者がつぎつぎに到着する。阪神タイガースのファンがはちまきをして〝六甲おろし〟を歌い、気勢をあげ始めた。

大野市街が見わたせる。あらためて周囲を見ると、白山には雲がかかり始め、姿が見え隠れしている。下山するふんぎりがつき、同じ道を引き返す。

勝原駅から国道に出て、バスを待った。眼下には九頭竜(くずりゅう)川の川原が蛇行している。雨がパラついてきたころ、バスが来た。

九頭竜ダムを越すと、乗客の数はガクンと少なくなった。バスは紅葉の盛りを過ぎた山肌の間を走った。一週間前が紅葉の見ごろだったとのこと。〝国鉄〟時代につながることなく終わった越美南線と越美北線との空白区間をバスで抜けて、美濃白鳥に着く。岐阜、名古屋を経由し、その日のうちに東京に戻った。

□

この年の『日本百名山』行はこれでいちおう終わりとする。合計八十七山となった。残るは、北海道六山、東北二山、中部三山、関西二山である。

第五章　『百名山』の胸突八丁を登る

八十七山で年が明ける。関西の二山をいつにしようかと考え始める。春から初夏の間に行こうかと思ったが、仕事の都合がつかず、結局実現しなかった。秋にまわすことにする。

北海道は八月に行くとして、それまでに鳥海山に出向いた。同じ東北の山・吾妻山のほうが近距離にあり、遠くの山を先に終えておきたかった。

88 鳥海山

2236m（新山）　山形・秋田県

上野発の朝一番の新幹線で新潟に行き、羽越本線で象潟（きさかた）に向かう。象潟駅からバスに乗り、鉾立（ほこたて）に着く。駐車場には観光客が多い。登山道を下ってくる人たちが連なっていた。小学校の遠足の一団がにぎやかに通り過ぎる。

雪渓に出て、小休止する。

御浜（おはま）小屋に登り着くと、尾根の向こうに鳥海湖（鳥ノ海）があった。丸い形で、一部に残雪が崩れ落ちている。

尾根の道をたどる。左手の下方に、雪渓を歩いて渡る人が小さく見える。伏拝岳（ふしおがみ）を通過し、七高山（しちこう）への道を見送り、岩の多い道を下る。登り返すと、御室小屋に着く。

小屋では夕食の最中だった。食いあぶれまいとして、あせり気味に申し込みをする。食器は発泡スチロール製だった。食器洗いの水が確保できないようだ。

山頂でご来光を迎えるために、暗いうちに小屋を出た。岩の上をはうように登る。

予定時刻より早めに山頂に着く。青黒い日本海に漁（いさ）り火が点々と見えた。

外輪山の七高山の向こうが次第に輝きを増し、その上空を赤くしている。空気は冷たい。今か今かとじっと見つめる。まだ姿を現わさない太陽が、雲を通して光の筋となる。風が強くなってきた。耳たぶにあたる風がゴォーッと音をたてる。目を細めて、光のまぶしさ

⑻⑻ 鳥海山

1987年7月19～20日

新潟駅＝象潟駅＝鉾立（13:10）－水場（14:00）－賽ノ河原（14:15）－御浜小屋（14:50）－御苗代（15:35㊡15:45）－伏拝岳－御室小屋（17:10⌂3:45）－鳥海山（4:00㊡5:30）－御本社（5:42㊡6:35）－伏拝岳（7:00）－河原宿小屋（8:15）－滝ノ小屋（8:50）－横堂（9:45㊡10:10）－鳥海山荘（10:30㊡11:00）－升田（12:00）＝酒田駅

と風の吹きつけをかわそうとする。

ますます東の空が膨張してくる。視線は一点にくぎづけとなる。目をくらませてくれるものを待望する登山者たち。

光が飛び散り、オレンジ色の太陽が姿を現わした。

それを見届けて、登山者たちが山頂の西側へと移動する。不規則に積み重なった岩の上を、足場を見定めながら動く。登山者の次の楽しみは〝影鳥海〟だ。

海岸線をはみ出して、海上に三角形の影が延びた。

小屋への復路は、七高山寄りのルートをたどる。雪渓の表面が凍っている。「この間までストーブをたいていた」という小屋番の話を思い出す。

伏拝岳から湯ノ台コースを下る。

心字雪渓のちょっと手前で、左手に下り気味になり、コースからはずれかかる。軌道修正し、沢沿いをたどり、雪渓の上にのる。

心字雪渓は想像以上に広かった。スリップ防止のため、右に左にジグザグに下る。

茶目っ気を出し、雪渓の横幅をいっぱいに使って下る。

河原宿小屋（現在は閉館）の前には豊かな沢水が流れ、草原にはキスゲの群落があった。青い空、まっ白な雪渓をバックにして、気持ちの休まるたたずまいだ。

滝ノ小屋は灌木のなかにあったが、取り壊しの作業中だった（その後再建）。ブナ林の道となる。さわやかな緑のトンネルだ。トンネルが切れるとまもなく車道に出る。

国民宿舎・鳥海山荘からのバスは、シーズン前でまだ動いてなかった。もうひとつ下のバス停まで歩くハメになった。炎天下のアスファルト道をさらに歩く。

杉林が多く、ヒグラシがうるさいくらいに鳴いている。ヒギヒギヒギヒギ、ギリギリギリギリ、ギヒギヒギヒギヒ。押し寄せては引き、重なりあうようにまた攻めてくる。道の両側から、呼応するように音を競いあっている。

升田でバスに乗り、酒田に出た。

□

この時点で八十八山。夏を迎え、北海道に残った六山に登る時期がいよいよ来た、と気持ちが高まる。一気に六山登るには、移動日を含めて十日近くかかりそうだ。二回に分割するか、一回で片付けてしまうか迷う。さいわいにも仕事の段取りがつくことになり、さっそくプランを練る。

体調を崩さないように日常生活を過ごす。どことなく気が張りつめてくるのが感じられる。

北海道六山のうち、重荷になりそうな山が日増しに気になってきた。幌尻岳、トムラウシ、羅臼岳付近にはヒグマが出そうだ。はたして単独行で大丈夫だろうか。不安がつのる。やっかいそうな山を先にすませるほうがよさそうに思え、日高の幌尻岳から登ることにした。

89 幌尻岳

2052・4m 北海道

常日ごろ、単独行の利点は静かな山歩きができることだと確信していたが、ヒグマについては逆目に出てしまうことになりかねない。ヒグマに遭遇しない手段のひとつとして、事前に音などで人間の存在を知らせておくことをよく聞く。地元へ行って、鈴のひとつでも買うことにしよう、と出発。

出発直前に、予期していなかった不安が起こった。痔の症状が急に出てきた。学生のころ少し患ったことがあるが、それ以来のことで、ずいぶんごぶさたしていたことになる。しかし、計画を取りやめるほどのことはないと判断して、上野を夕方の新幹線で出発する。

次の年の三月に運航終了となる青函連絡船に乗る。船内はかなり混雑した。

苫小牧（とまこまい）から鵡川（むかわ）まで日高本線に乗る。

鵡川はシシャモの名産地だ。バスは穂別の町で約二時間半の待ち合わせとなる。暇つぶしに町立博物館を見学。太古の恐竜、アンモナイトなどの化石を見る。かつて恐竜の棲んでいた地域に現代人が分け入るわけだ。

それにしても、町内の電柱の下には蛾の死体が目につく。蛾の短い生、化石になった恐竜、通過するだけの登山者。旅先で感情が高ぶる。

振内（ふれない）でタクシーを頼む。運転手は、地元山岳会の世話役とのこと。渡りに船とばかりに、ヒグマについての情報を仕入れる。乗車前に鈴を買うのを忘れてしまっていた。

89 幌尻岳

1987年8月9～11日

函館駅＝苫小牧駅＝鵡川駅＝穂別＝振内＝ダム（15：15）－徒渉開始（15：45）－幌尻山荘（16：45 宿泊 4：40）－命ノ泉（5：45）－幌尻岳（7：20 休 8：35）－七ツ沼分岐（9：25）－休憩（9：30～9：40）－戸蔦別岳（10：40 休 11：05）－分岐（11：30）－六ノ沢（12：55 休 13：15）－幌尻山荘（14：25 宿泊 5：50）－ダム（7：25 休 7：40）－車止め（8：45）＝振内＝十勝清水駅＝美瑛駅＝白金温泉

「ひとりで入山しても大丈夫でしょうか？」

「今の時期なら、必ず何人か歩いているから、まァ安心じゃないかな」

「何か音をたてたほうがいいのでしょうか？」

「鈴やラジオの音でもいいよ」

「稜線付近ででも出るものですか？」

「相当高いところでも出るね。林道でも出るよ。運転中に見かけたこともあるし……」

と、運転手はチラッと肩越しにこちらを見る。

質問をぶつけても完全に安心できるわけではないが、極度の恐怖心は薄らいでくる。効果のある会話だった。ヒグマの心配より、当座は料金メーターが恐怖だった。そんなことにはおかまいなしに車はどんどん山深く分け入る。

車が止まった。しかし、運転手はドアをあけてくれない。料金を払わないと降ろしてくれないのだろうか……。こんな山奥で料金の踏み倒しを恐れているのか。

「車の外へ出る前に、長そでシャツを着たほうがいいよ。このあたりにはアブが多いから」

と言われて、事情がつかめた。

車が走り去って、山中でひとりになる。ヒグマのことが頭のなかに渦巻き始めた。

クマのほうも、人間の入山で迷惑しているにちがいない。人間だって無意識のうちにテリトリーを守っていることがあるではないか。小学校で転校生を迎えたときなど、必ず血の気の多い者がケンカを挑んだりする。選挙地盤を食い荒らされないように、ヒステリックになる議員さんも似たような動きをする。などなど、歩きながら勝手な考えをする。悲観と楽観とが交錯する。

ダムからは沢沿いのルートだ。運動靴に替える。隣で身づくろいをしていた登山者はズボンを脱いで雨具を着用していた。一部、右岸を高巻きする個所があるが、まもなく徒渉となる。水は冷たい。水から石の上に上がる。冷えた足に体温がよみがえる。運動靴のゴム底が石に密着し、スリップしない。

左岸に渡ったところで左に滝を見る。ダムから幌尻山荘までのほぼ中間地点だ。何回か徒渉を繰り返す。対岸の目標は、消えかかったペンキの場合もあるし、小石を積み上げている個所もある。それほど迷うことはない。

水深は膝上程度のことが多く、腰までつかることはなかった。波が白く泡だっているところは避け、浅くて水面のなめらかな部分を選んで歩く。

だれにも会わない。大きなフキの葉が目につく。コロボックルの世界だ。

ダムから約一時間半で幌尻山荘に着く。山荘前のテーブルで数人が食事をしていた。

シマリスがチョコチョコと姿を見せる。山荘の構造はしっかりしていて、実に安心感をもたせる。一階の炊事場には、釜、鍋、マナイタ、茶碗、皿などが完備している。一、二階にそれぞれ数人ずつの宿泊者がいたが、単独行者はどうもいないようだ。沢音を聞きながら、早い眠りについた。

幌尻岳への道は急登で始まる。ジグザグに切られた道は踏み固められて歩きやすい。朝いちばんに歩いたせいか、クモの巣が顔にあたり、不快だった。木の枝を拾い、顔の前でまわしながら歩く。急坂がつづく。

〝命の泉〟は登山道から少しはずれたところにあった。迷うことなく飲みに行く。冷たくて、おいしい。飛び散る水が顔にあたり、登山靴をぬらす。天然のシャワーだ。生気が戻る。

尾根に出ると、行く手に長い稜線が走っていた。カールをはさみ、山頂が見える。カールの底に池塘が光り、静けさを保っている。光が無心に遊んでいるような光景だ。

稜線沿いの道には花が多い。カールを囲むように左回りすると頂上に着く。戸蔦別(とったべつ)岳の三角錐の形が目につく。頂上で会った関西から来たO氏は百名山九十七山目で、残すは利尻山、光岳、宮之浦岳とのこと。

戸蔦別岳から幌尻岳（中央）を振り返る。山頂右下方に北カールを見せる

東京から来たK夫婦と一緒に戸蔦別岳へ向かうことになる。奥さんは空身だ。これこそ究極の登山スタイルかもしれない。

七ツ沼カールが神秘的なムードだ。いかにもヒグマが出没しそうだ。

戸蔦別岳の山頂では、ハエにつきまとわれて落ち着かない。原生林のなかに、幌尻山荘の青い屋根が見える。あそこまで急降下するわけだ。

下山ルートは急坂で、ハイマツの根に悩まされる。太陽にあぶられ、汗ばむ。暑さのなかをひたすら下る。枝につかまりながら、足を踏んばる。それでも、うっかりするとスリップしそうだ。風がなく、汗が吹き出る。かなり下って、ダケカンバの樹林帯に入り、ようやく日陰に身を隠すことができた。しかし、暑い。沢音が聞こえるが、遠そうだ。

早く徒渉したい気分になる。背の高いクマザサを分け、沢に到達した。ひと休み。

運動靴にはき替えて徒渉開始。

昨日の、ダムから幌尻山荘までの徒渉より斜度があり、岩も多い。先ほどの急坂の苦痛から解放され、うれしくなるような沢歩きだ。心が躍る。ときどき、渡れそうもない個所に行きあたる。右にしようか左にしようか、どっちを渡るか迷うことの心地よさ。振り返ると、狭い谷に狭い空がのぞき、その奥に戸蔦別岳がそびえていた。

幌尻山荘に着く。

三時過ぎ、地元の小学生数人が先生に引率されて到着する。夕方は小学生の花火大会となり、同宿の登山者も一緒に楽しむ。

寝袋が隣り合わせた地元の登山者たちからあらためてヒグマの情報を仕入れる。彼らは幌尻岳へは過去四回来たが、うち二回はクマを見たという。クマ除けにはこれがいいと、縦横五センチほどのカウベルを自慢げに見せてくれた。それぞれが二個も持っている。とくに銅板製のがいいという。次の朝、彼らが出かけるとき、このカウベルはたしかによく響き、沢の音に負けないほどだった。

一夜明け、昨日のK夫妻と一緒に下る。朝の徒渉は冷たかった。痔に悪い。歩き始めて体があたたまっていないせいか、とくに一回目の徒渉は足がこごえそうだった。しかし、すぐ余裕が生まれ、徒渉回数を数えながら歩く。合計二十回だった。

林道では虫に悩まされた。虫を避けるために速足で下る。

K夫妻のレンタカーで清水町まで乗せてもらう。夫妻はこのあと、雌阿寒岳、斜里岳、羅臼岳に登るという。

90 十勝岳

2077m　北海道

美瑛(びえい)駅から白金(しろがね)温泉までバスに乗る。白金温泉泊。十勝岳からトムラウシまで縦走するつもりでいたが、痔の悪化で弱気になり、十勝岳をピストンすることにした。

90 十勝岳

1987年8月12日

白金温泉（⌂4：50）－望岳台（5：40）－十勝岳避難小屋（6：40）－十勝岳（8：35㊡9：35）－十勝岳避難小屋（10：30）－望岳台（11：05）－白金温泉（11：50）＝美瑛駅＝旭川駅＝天人峡温泉

白金温泉のバスターミナル前を歩きだしたとき、日の出となった。

アスファルトの味けない道を望岳台へ向かう。十勝岳がおおらかに、気持ちよさそうに噴煙をあげている。朝の清冽な空気のなかに十勝岳が毅然とした姿を見せている。風格のある山容だ。登山者には出会わない。

望岳台からは砂礫の道となる。雨水でけずられた谷筋が深く切れこんでいる。取付地点まで長い。ようやく着いた避難小屋が登山口みたいなものだ。

ここから斜度がきつくなる。ルートを左にとる。クマ出没の看板あり。広い登山道に入るのを見逃してしまい、細くて歩きづらい登りとなる。岩のカドに靴跡が少なく、登山者があまり踏みこまないルートのようだ。今さら引き返す気にならず、そのまま進む。

しばらくの登りで、黒い火山礫がびっしりつまった肩に出る。頂上までには広い平原状の火口底を歩き、砂が崩れそうな斜面を越える。急斜面を登りきると、美瑛岳が顔を出した。今までの荒涼とした視界に比べ、ゆるやかな丘が目にやさしい。砂の斜

十勝岳。うっかりして登山ルートをはずし、古い噴火口近くの火山礫を踏む

面には大きな落書きがある。一文字の横幅が二十メートル前後はありそうだ。

十勝岳頂上への登山道そばの谷筋には小さな雪渓が残っている。ここから山頂まではステップの崩れやすいルートとなる。踏みしめたつもりがズズッとずり落ち、踏んばった足に負担がかかる。バランスを崩しそうになり、腰をねじり、両手を空に振りまわして、かろうじて踏みとどまる。しばらくこの登り方がつづく。

肩に出ると、噴煙を吐く火口が大きく迫って見えた。頂上まで、今まではよりは呼吸が平静になり、ロープ沿いに登る。

十勝岳頂上には岩が多い。富良野(ふらの)岳、美瑛岳、ギザギザの鋸岳などが十勝岳に従うように並んでいる。遠くにトムラウシらしい山が見える。山頂の北は鋸岳へつづく広い平原で、大きな深呼吸でもしたくなるような景色だ。その平原の上を、登山者が点となってこちらに向かっている。

二人パーティが登り着いた。関東から来たという。トムラウシなどをへて、この十勝岳は四日目とのこと。彼らは下山するとき、今までの長かった縦走の思い出をもう一度自分の体に刻印するかのように叫んだ。

「北海道の山よ、また来るからなァーッ」

十勝岳の噴煙はある一定の高さで横にたなびき、旭岳方面へと延びている。まったくの晴天なのに、噴煙にじゃまされて遠望がきかなくなってきた。

おにぎりを食べ終わったころ、富良野岳近辺にポクポクと雲が出始めた。ここから見る富良野岳は八ヶ岳の阿弥陀岳を連想させる。根張りがしっかりしていて堂々たる構えだ。

周囲の景色がだんだん白い霧に隠れるころ、うながされるような気持ちになり、下山した。

91 トムラウシ

２１４１・２ｍ　北海道

美瑛駅から旭川に出て、天人峡温泉までバスに乗る。バスの料金は観光協会負担で払わなくてもいいといわれ、驚く。

天人峡温泉のホテルで一泊。朝食をおにぎりにしてもらい、二個のうちの一個を部屋で食べる。テントなど、小屋泊まりに不要な荷物をフロントに預けて出発。

樹林のなかの道を右に左にターンしながら高度をかせぐ。よく踏まれた道だ。ひとしきり登ると滝見台に着いた。羽衣ノ滝を対岸から見下ろすような地形になっている。滝は数個所で折れ、広がったり、せばまったりし、何回か向きを変えながら落ちている。羽衣ノ滝の右手方向に旭岳が控えている。丸みのある山容で、ゆったりと腰をおろして休んでいるかのようだ。

登山道に虫が飛び始めた。虫は顔面にまとわりつく。ふりほどくように足を速める。手の甲に、チッと痛みを感じる。見ると、一匹くっついている。手で叩き落とす。

91 トムラウシ

1987年8月13～14日

天人峡温泉（⌂4：50）－滝見台（5：40）－第一公園（7：05）－第二公園（8：35）－休憩（9：00～9：10）－化雲岳（10：25）－ヒサゴ沼避難小屋（11：05⌂5：10）－分岐（5：45）－ロックガーデン（6：45）－トムラウシ（7：35㊡8：10）－ヒサゴ沼避難小屋（10：05㊡10：27）－化雲岳（11：15）－第二公園（12：25㊡12：35）－滝見台（14：40㊡14：50）－天人峡温泉（15：20）＝旭川駅＝網走駅

　アップダウンを何回かへて、最後の長い登りのあとに待っているのは、花の豊富な第一公園だ。近景にエゾキスゲ、中景にカラマツが点在し、その向こうに旭岳から黒岳のゆるやかな稜線が波を打っている。

　雨のあとのぬかるみのなかを進む。道は登山者が気の向くままに歩いたせいで幾筋も引かれ、荒れるにまかされている。

　第二公園は広くなかった。

　小化雲岳（ぽんかうん）への分岐をめざして高度を上げる。と、頂上部に石像のように座っている登山者に気づく。登りながらときどき顔を上げてみるが、〝石像〟は微動だにしないで、ただ遠くを眺めているだけだ。少し霧が出てきた。灰色の空をバックに、ぽつねんと座っている登山者。

　斜面を登りきり、お互い単独行ということでもあるし、話しかけてみる。

　彼がポツリポツリと話してくれた内容は、あらまし次のようだった。

　彼は一昨日、昨日と二晩ビバークした。一昨日、天人峡温泉からクワウンナイを遡行し、稜線に上がったことに気づかず、反対側の沢へ下りた。登り返そうとしたが、地下足袋が滑る。薄暗くなったので、ビバークを決意する。周りを見わたすとクマのフンらしいものがあった。次の日も方向がわからず、再びビバーク。夜が明けて行動を開始する。霧が切れ、百メートルぐらい先に斜面が見え、そこに黒いかたまりが二つほどあり、動いていた。クマだ、と思ったが、そのうちクマは姿を消した。上方へ向かい、ようやくこの縦走路に出た。

縦走路に出ているのだからもう不要なのに、彼はまだ赤いヘルメットをかぶったまま。彼のトツトツとしたしゃべり方に、こちらも思わず大きなため息をつく。こういう状態を放心状態というのだろう。当初の興奮状態は呼吸のうえではおさまっているが、神経細胞はいまだにピリピリしているのかもしれない。目に生気がなく、トロンとしている。目の底には、何にでもすぐ反応しそうな落ち着きのなさも秘めている。

しゃべることによって気が楽になったのか、彼は腰をあげ、「それじゃ」と言うなり、視線を下山道へ向けた。こちらはワンテンポ遅れて、「お気をつけて」と言葉を返すが、そのとき彼はすでにうしろ姿を見せて下り始めていた。

化雲岳には岩塊があり、一番高いところをめざしてよじ登る。忠別川への落ちこみは恐ろしげな景観だ。

化雲岳からヒサゴ沼方面へのルートには、もう登りはない。左手に大きな雪渓を見ながら下るころ、ピンクのエゾコザクラなどの花が目につく。

ヒサゴ沼に着く。二つの沼の境目に二階建ての避難小屋が建っている。中に入ると、二人の青年が板張りの床をホウキではいていた。ひとりはナキウサギの観察を二十日間ほどつづけているという。もうひとりは写真が目的で、時間にせかされることなく小屋を渡り歩いているという。

夕方、小屋は上下で三十人ほどの登山者でいっぱいになった。しかし、そこへ突如、二十四、五人の中高年パーティが到着した。横浜からの登山グループで、トムラウシへ登るために来たという。もうこれ以上入れません、という態度が〝先住民族〟の間に流れる。しかし、収容しないわけにはいかない。事情を察したテント持参組が自発的に小屋から出て、幕営することになり、なんとかおさまった。

朝、ときおり、強くたたきつけるような雨が降っていた。明るくなるにつれて小降りになったが、稜線は霧に隠れている。思い出したように雨が強くなる。

トムラウシにはなにがなんでも行かねばならない、そう決心しているので、少々の雨には動じない。まっ先に小屋を出る。

雪渓の登り口を間違えて、急斜面を登るはめになる。滑りそうな斜面だ。ひとたび滑ると、ヒサゴ沼の水面に落ちるまで止まらないように思える。霧のなか、足裏に神経を集中し、ひたすら登る。

雪渓の上へ登り着いたものの、方向がわからない。細い踏み跡が見え、左手に進んでみたが、どうもおかしいと引き返す。道をさぐっているうちに、化雲岳とトムラウシとの分岐に出る。「日本庭園」はいかにもそれらしい景色がひろがっている。しかし、ゆっくり眺める余裕はない。

ロックガーデンで道を失い、十五分から二十分ほど雨のなかをうろつく。もとの場所まで引き返すが、歩いてきたルートさえわからなくなってしまった。後も先も判然としないまま、ぐるぐる回る。ふと脇を見ると、ペンキ印があった。ホッ。

あらためて眺めると、踏み跡もしっかりついている。岩の積み重なりになっているところは、ルートが不意に角度を変えていることがある。今回のミスは、これが原因だったようだ。自己弁護になるが、歩くスピードを落とせば防げたかもしれない。

トムラウシへの登りは岩の上を行く。景色が見えないまま、とにかく上へ向かう。左右へはあまりブレないように注意し、岩の上の踏み跡をはずさないように進む。

頂上部に出て、わずかに左手に進むと、山名を記した杭が立っていた。雨は降りつづいている。岩陰にザックを置き、菓子パンを食べる。薄日がさす気配もあるが、真上を仰ぎ見ると、ときおり空が明るくなる、山頂付近を霧が濃淡をともなって流れているようだ。

二十分ほど立ったまま晴れるのを待つ。反対方向から登山者二人が空身で登ってきた。二人は「踏んだ、踏んだ」と声をあげ、山頂付近をドンドン踏みしめている。写真を撮ることもなく、まもなく二人は登ってきた方向へ下山した。

こちらは制限時間いっぱいまで待つことにする。これ以上待つとあとあとのスケジュールに影響が出る時刻となり、下山。残念。

北沼まで下ったとき、霧が切れた。水面の向こうに雪渓が見え、青いテントがのぞく。小高い丘に登ったとき、振り返るとトムラウシの山頂が完全に姿を現わした。

「あっ、トムラウシ」

と小さく叫んでシャッターを押す。近くでようやくトムラウシを見ることができた。しかし、それは一瞬のことであった。

途中、マヌケヌマを見る。ある大学のワンダーフォーゲル部の表示板があった。回文とは、いかにも学生らしい。

ヒサゴ沼の上部に戻ってきたとき、日がさし、青い水面がキラキラ光っていた。雪渓の白さが目にまばゆい。

天人峡温泉へは、昨日のルートをなぞることになる。

霧が晴れ、青空がのぞく。第一公園付近で突然の夕立に遭う。幾筋もの白い糸が景色を隠し、広い草原の向こうが乳白色にけむる。またしても泥んこ道となる。靴の中までぬれる。二十分ほどで雨はやんだ。雨具を脱ぎ、虫のいない道をひたすら下る。登りでは虫に悩まされ、下りでは雨に襲われてしまった。

滝見台に着く。昨日からの雨のせいか、羽衣ノ滝の水量が多い

天人峡温泉に着き、靴の泥を落とす。ホテルの駐車場に行き、水道ホースで靴を洗うことにする。靴下を脱ぐと、足がふやけて白く見えた。しわくちゃで生気のない皮膚だ。はだしのままザックの整理をしていたら、足の色は通常の肌色に回復した。

天人峡温泉から旭川に向かう。旭川から網走まで特急に乗る。ぬれた靴下を、前の座席の背についている網袋にひっかけて乾かす。

網走では、すでに宿は満杯で、テントを張ることにする。今回、テントは山中で張る機会がなく、初めての幕営は市街地の中心地でとなった。

92 羅臼岳

1661m　北海道

羅臼岳の山頂付近は強い雨と風だった。北から飛んでくる霧がハイマツの上をこするように流れていく。まるで、あとも振り返らずに去っていく恋人のように。どこに霧の源があるのかは知らないが、よくも次から次に発生するものだ。そして、霧はどこへ行こうとしているのか。

昨年の斜里岳もこれと同じ天候だった。稜線に出るまでは風はなく、むしろおだやかで、単に霧がたちこめているだけなのに、稜線近くでは横なぐりの雨となる。

雨具のフードが風に押されて頭にへばりつき、片目をおおう。パタパタとはためく。あごを引き、上目づかいに上方を見すえる。ときどき大きなため息をつく。雨具のその中に手を引きこみ、こぶしをつくる。肩をいからせて歩く。

頂上はまだ先なのだろうか。高度を上げていることは確認できるが、夢遊病者のように白い霧のなかを泳ぐ。

頂上付近は黒っぽい岩の積み重なりで、これまでのように手を縮めては登れない。雨具のそでから手を出し、ホールドを探す。意外にも岩は冷たくなかった。ぬれた岩で滑らないように、ゆっくり前進する。

最高所に着いた。そこには山名の標示板があった。風はいっそう強くなった。吹き飛ばされないように、中腰で移動する。

セルフタイマーで写真を撮る。距離計を合わせている間にレンズに霧と雨が吹きつけられ、景色がかすんでしまう。レンズについた水滴を指でぬぐい、もう一度やり直す。細かいことはどうでもよくなり、適当に距離を合わせる。

92 羅臼岳
1987年8月15日
網走駅（△）＝斜里駅＝岩尾別（9：20）－岩尾別温泉（10：05）－弥三吉水（11：20㊡11：30）－銀冷水（12：10）－羅臼平（12：55）－羅臼岳（13：40㊡13：45）－水場（14：05）－羅臼平（14：15）－銀冷水（14：35）－岩尾別温泉（15：50）＝ウトロ＝斜里駅＝網走駅＝美幌駅

ひと息する暇もなく下山する。まことに落ち着かない山頂だった。

羅臼平までに水場が一個所あり、斜面を流れる水を手のひらにためて飲む。

広いハイマツの原がつづくが、そこにはただ霧が流れているだけだった。羅臼平から下って、沢沿いのコースとなり、ようやく風がおさまる。

当初のプランでは、羅臼岳へ登ったあと、稜線で幕営し、カムイワッカへ下山することにしていた。しかし、その計画は変更した。理由は、天候が悪いこと、稜線は水場に乏しいことだった。

＊

斜里駅（現知床斜里駅）からのバスを岩尾別で降りたときは稜線が荒れているとは思わなかった。岩尾別温泉まで林道を歩く。

岩尾別温泉の売店で、クマ除けの小さなカウベルを見つけた。「これ、これ」とつぶやき、一個六百円のを買う。幌尻山荘で会った登山者が持っていたカウベルより少し小振りだ。銅板製で音の響きがいい。チャラチャラした音ではなく、カラーンカラーンと鳴る。腰につるすと、歩を進めるたびにリズム感のある音がする。自分の歩き方が一定していることに満足感を覚える。

しかし、しばらく歩くと、カウベルの音がうるさくなってきた。耳が変になる。いつもひとりで歩いて静かなものだったが、これではカウベルの音にくるまれて歩いているようだ。途中で、カウベルを手でくるんで歩く。たちどころに静かになった。登山者たちにもちょくちょく出会うし、クマは出ないことにして、しばらく音を消して歩く。

弥三吉（やさきち）の水はおいしかった。豊かな水量もありがたい。生い茂る緑から誕生したばかりの酸素を思いのままに吸いこむ。
樹林のなかの道は、緑の海のなかを歩くようだ。生い茂る緑から誕生したばかりの
霧の空は明るく、その上空は雲がたれこめているわけではなさそうだ。天候回復に望みをつないで登る。だが、稜線近くで〝雲散霧消〟したのは、現実の空のほうではなく、こちら側の願望のほうだった。頂上をあきらめて下ってくる人に出会う。それとは別に、羅臼温泉に下るのを断念して再び岩尾別温泉へ戻る人もいた。
しかし、こちらは断念するわけにはいかなかった。時間をかけてでも、とにかく頂上に行くことにする。

＊

下山後、岩尾別温泉で露天風呂に入る。

湯の中で山頂の風景を回想する。羅臼岳にはもう一度来たい。もし満足しきった山行で終わると次回に期待するものが少なくなるが、今回のような山行は気持ちをあとにつなげることができる、といちおう自分を納得させる。

苫小牧からランドクルーザーで来た人たちがウトロまで送ってくれた。

斜里駅から、網走経由で美幌に向かう。

美幌駅前には、ちょうど山車(だし)や竿灯(かんとう)がくり出していて、にぎやかだった。お盆の祭りのようだ。人出の多い歩道をすり抜けるように歩く。昨年泊まったホテルの玄関に入るが、宿の人はだれも出てこない。従業員全員がパレード見物に出ているのかもしれない。そのうち、去年と同じ主人が姿を現わした。部屋に荷物を置く。祭り見物でもと思って表に出てみたが、もうすでに山車や人垣はなかった。パレードは別の通りに去ったらしい。文字どおり、〝後の祭り〟だった。

93 雄阿寒岳(阿寒岳)

1370・4m 北海道

美幌からバスに乗る。阿寒湖を経由して滝口に着いた。湖岸沿いに歩く。

その後、五合目までは樹木帯のなかの静かな道がつづく。ときおり、木の間越しに、雌阿寒岳方面、阿寒湖がのぞく。登山道は平坦部をまじえてはいるものの、ほとんど登りばかりだ。

深い樹林を眺める。倒木の上に新しい木が育っている。朽ちた大木が幼い木にとってはふくよかな床になることだろう。太古からこれを繰り返してきたのだ。酸素いっぱい、水も充分、豊かな大地。人の手の入らないままの豊饒（ほうじょう）な原生林。苔（こけ）むした岩の割れ目の奥にヒカリゴケを見た。ミドリ色に光っている。

五合目からは屋根形の稜線を見ることができた。灌木にはさまれた道を進む。首から上を太陽にさらして歩く。日が暑い。帽子代わりにタオルを頭にかける。タオルは昨夜の風呂で使い、まだ乾ききっていない。少し湿っているのがさいわいして、涼を呼ぶ。

93 雄阿寒岳（阿寒岳）
1987年8月16日
美幌駅＝阿寒湖畔＝滝口（9:10）－三合目（10:25）－五合目（11:25）－小屋跡（12:00）－雄阿寒岳（12:15㊡12:55）－五合目（13:30）－三合目（14:10）－滝口（15:10）＝阿寒湖畔

登山道の付近には、フレップ（コケモモ）の実が多い。濃い紫色をしている。つまんで味わってみる。ほのかに甘い。

小屋跡の廃材が無残なほど朽ちていた。

一度下がり、また高度を上げて山頂に着く。だれもいない。

雌阿寒岳、阿寒富士が見える。阿寒湖が静かだが、それよりも目をひくのは、パンケトー、ペンケトーの湖面だ。湖面の部分だけ原生林がほころび、周囲を丹念に糸でかがったように、形が明瞭だ。水面がくっきりと際立ち、サトイモの葉っぱに水滴がはじけたように、画然としている。その上方には屈斜路湖（くっしゃろ）が鈍い色を見せている。摩周湖は判然としない。長い裾野をひろげているのは斜里岳だろうか。

雄阿寒岳頂上の火口の底には、昼寝でもしたくなるような狭い草原があった。たったひとりの山頂で食事をする。（雌阿寒岳登山は235ページ参照）

夜、阿寒湖で灯籠（とうろう）流しが行なわれた。

光がゆらめきながら、沖へ沖へと漂っていく。無数の電球で飾られた遊覧船が黒い水面を行き来する。涼しい湖の風に吹かれながら、光の群れに見入った。

そのとき、腰の丸くなった老婦人が、かけ足で湖畔に寄ってきた。その人は、灯籠を一基流そうとしている。仕事か何かの用事で手間どり、決められた灯籠流しの時刻に遅れたのかもしれない。

老婦人の手を離れた灯籠は、風の向きが悪く、光の群れに加われない。近くにいた人が見かねて、左手の、岸が少し突き出た場所を教える。老婦人は、灯籠を一度水か

滝口の登山口近く。太郎湖や次郎湖の湖面沿いを歩き、樹林帯を登る

ら引きあげて、教えられた方向へ小走りして向かう。木の陰になり、それ以上、ことのなりゆきを見定めることはできなかった。

　翌朝、池田町へ向かうバスに乗る。今日は移動するだけだから気が楽だ。今回の北海道遠征のヤマ場が過ぎて緊張感が薄れたせいか、それとも連日の温泉のためか、痔の兆候はなくなってしまった。

　帯広、札幌、小樽を経由して比羅夫駅に着く。宿のあてはない。

　駅前には旅館らしいものが見えない。駅舎内で作業している人に話しかけると、この建物の二階で泊まることができるという。JRから駅舎を借り、九月開業に向けて、宿舎にするために改築中とのことで、二、三人の若者が髪の毛に木クズをからませて、チェーンソーを操作していた。ログキャビンの風呂場がかなりできあがっている。

「山小屋と思って泊まってください」と経営者の男性が人なつっこい笑顔を見せる。彼は最近まで、後方羊蹄（しりべし）山の避難小屋で小屋番をしていたらしい。

夕食は、駅のホームに丸太の腰かけを並べてのジンギスカンだった。通過列車の乗客が好奇の目を向ける。ニセコアンヌプリが次第に紫色に変わる。同宿の四人が、煙をたてながら肉をつつく。

増毛（ましけ）から来た男性が、さっき半月湖近くの道路でクマのフンらしいものを見たという。オーナーの目がまじめになり、フンの大きさ、フンの内容物などについて質問しながら、地図で場所の確認をしている。

風呂場未完成のため、昆布温泉に連れていかれる。林道をジープが走る。後方羊蹄山が黒い物体になっていた。

落ち着いた旅館の湯にくつろぐ。帰りのジープは湯上がりの湯気でガラスがくもった。ガラスの露を手でぬぐうと、その向こうに星がにじんで見えた。

94 後方羊蹄山

1898m／1892・7m（三角点） 北海道

比羅夫駅から歩く。登山口に至るまでの道から、後方羊蹄山の大きな山体が見える。左から朝日がさし、シルエットになった山体の上半分をあけぼのの色に染める。ブナ林を見ながら、ゆっくり進む。下りのない、登りだけのむだのない道がつづく。

七合目付近で、初めて人に会う。小学生の男の子を連れた父親だった。短い立ち話をする。昨夜、野宿をしたとのこと。背中には、無雑作にまるめた寝袋を背負っている。寝袋以外の荷物はほとんどない。手には、紙の包装函に入ったウイスキー瓶を持っている。彼らは地元の人で、野宿した悲壮感もなく、実にあっけらかんとしていた。

高度を上げるにつれ、背中のニセコアンヌプリが頭をもたげてくる。ニセコアンヌプリは朝の光を浴び、新鮮な緑色をまとっていた。その右方に、チマチマした人家の集まりが見える。倶知安（くっちゃん）の街だ。白壁に太陽光が反射し、陰影が明確だ。人家の集まりの周囲には縦横に道がつけられ、田畑が碁盤のように画されている。

頂上近くになり、樹林がきれた。火山礫などが見えて、急に火山ぽくなった。

火口壁の上に立つと、山頂部の全容がつかめる。最高所は、火口壁の縁を時計回りに三分の一ほど歩くことになる。火口は深く、下りてみる気力はなかった。

最高所からさらに進むと岩が多くなった。洞爺(とうや)湖がよく見える。その向こうに赤色の地肌を見せているのは昭和新山か。

㉔後方羊蹄山

1987年8月18日

比羅夫駅（⌂4:35）－分岐（5:00）－登山届ポスト（5:30）－四合目（6:35㊡6:50）－七合目（7:55）－後方羊蹄山（9:05㊡9:20）－お鉢めぐり－小屋跡（10:05）－五合目（11:05）－四合目（11:20）－比羅夫駅（12:50）＝函館駅

山頂に秋のような風が吹く。長そでシャツを着ないと寒い。

お鉢を三分の二ほど回った地点にケルンがあり、人が群れていた。地元の中学生の集団だ。父兄や教師も混じっている。ふるさとの山に登る人たちと、遠方から来て、かけ足で通過する〝異邦人〟とのすれちがい。

下方に、緑の田園がひろがる。その視界をさえぎるように純白の霧が立ちのぼってくる。避難小屋が下にちんまりと見える。

中学生グループの後続部隊が上に向かって何か叫んでいる。上の先着組がそれに応える。山の斜面を声がいきかう。のどかな山だ。

□

これで北海道の九山がすべて終わった。残る六山は、吾妻山、高妻山、雨飾山、焼岳、大峰山、大台ヶ原山となる。今年中に全部登ってしまえるような気もする。しかし、ここまでくると、あせらなくてもいいような気もしてくる。

秋の進行に逆らわないように、北から登れる山に出かけることにした。

95 吾妻山

1949・1m（一切経山）／2035m（西吾妻山）　山形・福島県

一切経山から五色沼を見下ろしたとき、その、あまりにもまぶしい青さにはめまいを感じるほどだった。美しい人にばったり出会って見つめられたときのようにドギマギした。まさに不意打ちをくらったみたいだった。

五色沼の色は、人工では及ばない、天然のもつ遠慮のない彩色だ。視神経をケイレ

95 吾妻山

1987年9月13～14日

福島駅＝浄土平（9：15）－吾妻小富士（9：30）－浄土平（9：45）－一切経山（10：55）－家形山（11：40）－烏帽子山（12：55㊡13：30）－昭元山（14：05）－東大巓（15：00道を探す15：20）－八兵衛平小屋（15：40⌂6：10）－大平湿原分岐（7：05）－人形石（7：40㊡7：50）－凡天岩（8：40）－高湯分岐（9：10）－西吾妻山（9：20㊡9：30）－西大巓（10：00㊡10：20）－西吾妻小屋（10：45）－高湯分岐（10：50㊡10：55）－水場（11：15）－若女平（12：05）－白布温泉（13：10）＝米沢駅

ンさせるには充分の迫力がある。年月をかけて、青空の色素を凝縮したのではないかと思う。

神秘とはいいきれない明るさ、深遠とは違う陽気さ、静寂なのに躍っているような、引きこむでなし、つき放すでなし、人なつっこさと近寄りがたさの同居。五色沼が〝吾妻の瞳〟と形容されていることを知り、納得。

五色沼を見せるまでの地形の演出も憎い。吾妻小富士、浄土平などの、砂礫のすさんだ景色をさんざん見せておき、一切経山の平坦な山頂で荒れた息が落ち着かないうちに、目の前に濃いコバルトブルーの色素を浴びせてくるのだから。

青い色にまどわされ、蔵王、飯豊連峰などの遠景をあやうく見落とすところだった。五色沼の景観は、一切経山から家形（いえがた）山までのコースでおおいに楽しめる。歩くにつれ、光の反射角度が変わり、水面に〝ちぢみ〟のように光のウロコたちがきらめく。この沼の、季節ごとの姿を確かめに来たいと思う。

吾妻連峰の縦走コースはいろいろな顔を見せてくれる。浄土平の月面のような火山性の地形。五色沼の青さ。シラビソの暗い道。岩の目立つ烏帽子山、池塘群。各所で口にほおばることのできるコケモモの群落。下山後に入った白布温泉の素朴さと整った宿の構え。

ほんの限られた地域しか見ていなくて早計にはいえないかもしれないが、私にとっては満足度の高い山域となった。歩くことによって、まだまだ多くの魅力にふれることができそうだ。

夕方、弥兵衛平小屋から明星湖へ歩いた。落日が飯豊連峰の上にさしかかっている。雲が、赤、黄金、白銀の薄衣となり、夕日が最後の舞いを演じているようだ。風が寒くなり、しぶしぶ小屋に帰る。小屋の水場は姥湯温泉方面へ下ったところにある。すぐの水場は酸っぱい味がした。ポリタンクに薄く濁った水がたまる。木道をさらに下ったところにある沢の水は澄んでいた。

翌朝、西吾妻山へ向かう。池塘あり、草原ありで、ほぼおだやかな道をたどる。天狗岩から飯豊連峰がよく見える。

西吾妻山の山頂は樹林におおわれていて、展望はない。頂上の少し手前か、頂上を通過して左手に分け入ると、樹林の切れ間から展望が楽しめる。

西大巓（だいてん）には空身で往復する。磐梯山、飯豊連峰がさえぎられることなく望める。

若女平（わかめ）から白布温泉へ下る樹林帯で鳥が鳴いていた。チョチョチョチョと鳴くのもいれば、ツィツィとさえずるのもいる。

白布温泉には三軒の温泉宿が並んでいて、どれに入ろうか迷う。バス停に近い宿に入る。物腰のおだやかなおばあさんに案内され、思わず登山靴をそろえて脱いだ。

黒い石組みの湯船に、白い湯の花が蝶の羽根のようにフワーッと漂っている。湯船から出て、足の裏のよれた皮をこすり落とし、しばらくくつろいだ。

米沢行きのバスの車窓から沿道のコスモスの花に見とれる。

米沢駅の床に、ステンドグラスの色がボーッと落ちていた。その光の上を、手荷物を持った老夫婦が気ぜわしく改札に向かう。

□

吾妻山が終わり、次は高妻山にねらいをつけた。〝妻〟シリーズとなる。戸隠山の蟻（あり）ノ塔渡りはこの夏に転落事故があったばかりだ。用心しなければいけない。

96 高妻山

２３５３ｍ　新潟・長野県

一不動の避難小屋に着く。だれもいなかった。ドアがとれてしまって、小屋内に風が吹きこむ。

入口近くと、土間の突きあたりの二個所に荷物が置かれていた。多分、今日の間に高妻山をピストンする人のものだろう。それぞれ単独行のようだ。さて、どんな人が帰ってくるのだろうか……。

＊

戸隠神社奥社までは長い参道を歩く。雑木や杉木立におおわれている。杉の木はまっすぐに伸びるものとばかり思っていたが、よく見ると、ねじれながら育っているものがあった。

奥社まで、街着の観光客が数人登ってきた。全員、ハァハァいっている。

96 高妻山

1987年9月19～20日

長野駅＝戸隠神社奥社入口（11：30）－戸隠神社奥社（12：00㊡12：10）－五十間長屋（12：55㊡13：10）－八方睨（13：55㊡14：05）－屏風岩（15：00㊡15：10）－一不動避難小屋（15：40⌂6：00）－五地蔵（6：50）－九勢至（7：25㊡7：35）－高妻山（8：15㋐12：10）－五地蔵（13：15）－一不動避難小屋（13：45㊡13：55）－水場（14：08）－戸隠キャンプ場（15：10）＝長野駅

小降りの雨を建物のひさしでよけて、登山届を書く。

鎖場がつぎつぎに現われる。アマチュア無線の機器も背負っているので、鎖をつかむ腕が余分に疲れる。鎖を登りきるたびにひと呼吸する。

蟻ノ塔渡りは、ついこの間、転落事故があったために工事したのか、さびていない真新しい鎖が取り付けられていた。なんとか無事に渡りきる。

稜線の道は平坦というわけではなく、小さなアップダウンを繰り返す。快適に歩ける道ではない。右側が切れ落ちているが、森に隠されてよくは見えない。鞍部に下ってまた登るのかと思ったら、そこが一不動の小屋だった。

＊

「アーア、疲れたァ」と言って、まずひとり現われた。女性の単独行だ。若くはない。頭には白髪が目立つ。女性の姿は予想もしなかった。聞くと、前日は雨飾山、その前は火打山、妙高山に登ったという。案の定、日本百名山をめざしていた。今日で七十山になったとのこと。年齢は六十一歳。

暗くなる前に水場を往復する。ポリタンク二個をサブザックに背負う。

食事の用意をしていると、もうひとりの単独行者が下山してきた。愛知県から来た三十代の男性だった。

夜、ドアのない入口から、霧が転がりこむように舞いこんでくる。夜半に小便をするために外へ出ると、空は満天の星だった。明日は好天だ。いいぞ。

明け方は寒くて目が覚めた。セーターとジャンパーを着込んで寝たが、夏用寝袋は季節的にそろそろ限界かもしれない。

快晴のなかを高妻山に登る。

昨日と似たようなアップダウンを繰り返す。途中、下り斜面でスリップし、体が飛び、道からはみ出て止まった。密生した木の枝にひっかかったからよかった。もし、ガレたような場所であったらと思うとゾッとする。

頂上への最後の登りはかなり急坂だ。

山頂からは驚くほどの眺望が得られた。近くに黒姫山、飯縄（いいづな）（綱）山、その左手に妙高山、火打山、焼山、雨飾山がくっきり見える。

北アルプスは、乗鞍岳から、穂高岳、槍ヶ岳、立山、剱岳、鹿島槍、五竜岳、不帰ノ嶮、白馬三山、雪倉岳、朝日岳、その右手は日本海まで落ちている。

南アルプスも見える。富士山は残念ながら確認できない。

ボツボツ登山者が登ってくるころ、遠くの山にポッポッとワタスゲのような雲がくっつき始めた。

山頂でのんびりしていて、隣り合った男性と話をする。その人は深田クラブ（深田久弥を敬愛して『日本百名山』を登る同好の士の集まり）のメンバーで、百名山には八十山以上登っているとのこと。

正午前には霧に巻かれてしまい、下山する。一不動の小屋からは沢沿いの道となり、滑らないように気をつける。とくに、帯岩（おびいわ）では腰をおとして慎重に渡る。

戸隠牧場は明るく、いっぺんに気が晴れた。バス停のそばで名物の戸隠ソバを注文したが、発車までに時間がなく、味わって食べることができなかった。

長野駅の跨線橋から、淡いオレンジ色の空に槍ヶ岳がシルエットで見えた。

信越本線戸倉駅近辺を通過するとき、遠くに鹿島槍ヶ岳、五竜岳らしい山体がゆうゆうと窓の外を移動していた。

あと四山だ。この段階になり、百山目をどこにしようかと思い始める。□
おぼろげながら、それを来年、雨飾山にしようと考え、今年は、雪の来ないうちに焼岳に出かけることにする。焼岳は登山禁止中で、解除されるのはいつになるかわからない。ここまで待ったのだから登るのを許してください、という気持ちになり、決行する。

天気図を見ると、大型の移動性高気圧が日本列島をおおってきた。

97 焼岳

2444m（北峰）／2455・5m（南峰）　長野・岐阜県

新宿からの夜行バスは、高層ビルの谷間から出発する。集合場所まで、無機質なビルの間を歩く。段ボール箱で囲いをしてホームレスの人たちが寝そべっている。都会の〃アウトドア生活者〃たちだ。

上高地へは、ほぼ十年ぶりに入ることになる。

寝ぼけまなこで窓のカーテンをあけると、焼岳があたかもスイングしているように、窓枠の中で左右に揺れていた。いつしかバスは釜トンネルを抜けて、つぎつぎと小さなカーブをかわしていたのだ。

⑰焼岳
1987年10月3～4日
新宿＝上高地（6：00）－焼岳登山口（6：25道を間違える6：45）－焼岳展望台（8：25㊡8：35）－焼岳（9：30㊡10：00）－焼岳展望台（10：35㊡11：00）－西穂山荘（13：15⌂6：55）－宝水（7：20）－西穂登山口（8：00）－上高地バスターミナル（8：20）＝茶嵐（9：05）－白骨温泉（10：00㊡11：05）－小梨ノ湯（11：25）－道標〔鈴蘭まで4.8㎞〕（11:40）－鈴蘭（13：05）＝新島々駅＝松本駅

午前六時、上高地・河童橋から見上げると、穂高連峰の先端に陽があたり、赤みをおびていた。焼岳にはまだ太陽の光が届かない。完全な快晴だ。

焼岳登山口から、うっかり右手の太い道を直進し、堰堤（えんてい）に出てしまう。いきなり道を間違えてしまった。約二十分のロス。細い道に入る分岐点の道標を見逃していた。道はいかにも古道の雰囲気だ。リスが木の幹をかけ上がり、首だけ出して、こちらを見ている。

ハシゴを二回ほど登る。

木の葉の間から、朝日を真正面に受けた焼岳が姿を現わす。焼岳の斜面には、土石流のつめ跡が何本もの深い谷を造っている。クマザサの薄緑の斜面に、日陰になった深い谷筋が黒い縞模様を描く。

焼岳展望台に着く。飛騨側からの風が冷たい。風に乱された髪を指でなおす。頭に上げていた腕をおろすと、汗でぬれたTシャツの腋の下がひんやりする。風をよけて、上高地側へ身を寄せるように腰をおろす。すぐそばに高温の噴気口があった。

単独行の男性と会う。彼は、このあたりへは三十数年ぶりに来たとのこと。彼は、登山禁止を犯してまで焼岳には登らないという。それを聞いて、こちらの気持ちが動揺した。

展望台から焼岳側へ下ると小屋の廃材があった。地面には靴跡が焼岳頂上へとつづいていた。靴跡は、最近、それも昨日登ったのではないかと思われるほど新しい。

やや登り、荒れた小さなガレ場を渡る。ところどころに白いペンキの標示がある。スリップしないように、砂地を避け、石の上を選んで歩く。

眼前に灰色の岩壁が立ちはだかる。踏み跡やペンキを見失い、うろたえる。この岩の壁を越えるのだろうか？　右に、左に、手がかりを求める。少し登ってみて、ダメなら引き返そう。意外に、つぎつぎと、ホールド、ステップが見つかる。慎重に進む。

古そうだ。

そのうち、目の前に、打ちこまれたままのハーケンが現われた。サビていて、かなり

岩場を抜けると、砂地に草が付いていた。勾配がゆるくなり、目の前の空がだんだん大きくなってくる。

焼岳北峰に着く。火口湖が淡いコバルトブルーをしている。火口壁をぐるっと見わたす。白い噴気が風に乱れ、景色を隠す。

向かいの火口壁のほうがどうも高そうだ。最高所へ行くルートを目で追ってみるが、自信がもてない。それに、先の岩場で緊張したせいか、足に多少のふるえが残っている。筋肉が平静でなく、意識とのバランスを欠いているように思え、お鉢めぐりは断念する。硫黄臭が漂ってきた。

のんびりと山岳展望を楽しむ。笠ヶ岳が白茶けて、ドンと構えている。沢筋が斜めに走り、横縞の断層と交差している。穂高岳、槍ヶ岳が天を突いている。双六岳が馬の背のような形をしている。黒部五郎岳も確認できる。

上高地を見下ろす。土石流に押し寄せられた大正池が細い流れになっている。その向こうに、六百山、霞沢岳が立ちあがっている。さらに右手には、乗鞍岳が天女のように優雅に裾野をひろげている。

焼岳展望台にて。焼岳北峰（中央のドーム型）までのルートが目でたどれる

菓子パンの簡単な食事をとる。横になってみる。空には一点の雲もない。

だれも登ってこない。まるで、無人になった夏休みの小学校の校庭のような空っぽの気分になる。

ガイドブックで歩程を確かめ、西穂山荘まで足を延ばすことにする。

登ってきたルートの左手に、少しスリップ気味の靴跡があった。白いペンキの丸や矢印も見える。先ほど登った岩の塊を右に見ながら下る。登路でハタと困った場所に難なく出た。あのとき、落ち着いて見れば白ペンキに気づいたハズなのに、とあせっていたことを反省する。

下りは速い。途中、二人の登山者に出会う。二人とも多少不安げにルートのことを尋ねてきた。

焼岳展望台でルートを眺め直す。登っていく二人が豆粒のようで、ほぼ垂直の斜面に取り付いているように見える。

焼岳小屋の気温は十度だった。割谷山への静かな道に入る。振り返ると、焼岳がにらんでいた。まるで、コウモリが翼を広げているようだ。中央部の岩塊が頭、その両側には滑らかにたわんだ稜線を引いて翼に見える。

ブナやトウヒの多い道を歩く。ときどき、笠ヶ岳が見える。鳥がチッチッチッと鳴いている。地形に無理なくつけられた道という感じで気持ちよい。木々は一部が紅葉している。街では街路樹の、夏に出た二回目の若葉が目につくころというのに。

朝、西穂山荘から少し登ったところでご来光を見る。地面には、二、三センチの霜柱ができていた。

富士山が見える。八ヶ岳も、白山も。もちろん焼岳、笠ヶ岳、乗鞍岳も。長い髪の若い女性が曙光に手を合わせて、何か祈っている。

山荘へ戻り、上高地まではグングン飛ばした。

沢の水は冷たかったが、素っ気のない単純な味だった。

田代橋から河童橋までは、陽があたらないせいか冷え冷えとし、吐く息が白く見えた。上高地は冷気湖（放射冷却で冷えた空気が盆地状の低地にたまる現象）状態になっていたようだ。空は晴れているのに、頭上からはポタポタと水滴が落ちてくる。それは木の葉の露だった。

茶嵐（ちゃあらし）でバスを降りる。白骨温泉をへて鈴蘭まで歩くことにする。焼岳登山のついでに、三千メートル以上の山同士を歩いて結びつけるためだ。余分といえば余分。遊びといえば遊び。

白骨温泉まで三・七キロを歩く。山肌が部分的に紅葉している。

白骨温泉は二十年ぶりとなる。学生時代、鉢伏山に行ったとき、前日に泊まって以来だ。ふた昔前をしのんで、湯船につかる。旅館の話だと、この秋、泡ノ湯付近でクマが出たという。

バス駐車場のそばに「鈴蘭五・九キロ」の表示があり、それに従う。道はあまり踏まれていない。途中でクマザサの海にはばまれ、手でかき分けながら進む。ふと見上げると、瓦屋根が見え、小梨（こなし）ノ湯に着いた。宿の人に道を確認する。

しばらくはアスファルトの道となる。

道路のかたわらに野兎が横たわっていた。目を見開いたまま動こうとしない。きっと車にハネられたのだ。気分が暗くなる。

少し登ると、右手に鈴蘭への方向を示す道標があった。それ以降は古くから踏まれた道となる。

霞沢岳が三角形に見え、谷の底に白骨温泉の旅館が寄りかたまっている。いつのまにか足裏がソフトになっていた。地面を見ると、カラマツの落ち葉が敷かれていた。

鈴蘭に下り、以前に乗鞍岳から下ったバス停に着く。靴を脱いで足を風にさらした。

□

残るは三山。そのうちの二山、大峰山と大台ヶ原山は近接しているので、まとめて登ることにする。山中で四泊は必要だ。寒くならないうちに出かけるほうが得策のようだ。防寒具、その他の荷物が重くなくてよいし、バスの便、山小屋のことも考えると、この秋ならば、十月中に出かけておくべきだと判断した。

⑱ 大峰山

1719・4m（山上ヶ岳）／1915・2m（八経ヶ岳）　奈良県

近鉄・下市口駅で九時二十五分発のバスに乗る。ゴムゾウリをはいた学生風の単独行者が乗り合わせた。彼の登山靴はザックの中らしい。

洞川に着く。旅館の並ぶ道を進む。ひと気がない。昼というのに、食堂は開いている気配がない。

同じバスの単独行者があとから追いついてきた。彼は同志社大山岳部の四回生だという。

山の上方は霧に隠れている。大峰大橋を渡ると「女人結界」だ。うっそうとした樹林に道がつづく。地面の枯れ葉が動いたのかと思って見ると、大きなガマがノソノソとはっていた。

一ノ世茶屋（現在は廃業）、一本松茶屋、洞辻茶屋は、小屋の中に道がついている。

雨がポツリポツリと落ちてきて、洞辻茶屋で雨具を取り出す。雨具の上衣に腕を通

98 大峰山

1987年10月15～17日

京都駅＝下市口＝洞川（11：20）－大峰大橋（12：15）－一本松茶屋（12：55）－大峰山寺宿坊（14：50⌂6：00）－小笹ノ宿（6：40㊡7：05）－大普賢岳（8：20）－稚児泊（9：10）－水場（10：20）－行者還小屋（10：30㊡10：45）－避難小屋（11：45㊡12：15）－聖宝宿跡（13：25）－弥山小屋（14：10⌂6：35）－八経ヶ岳（7：00）－舟ノ垰（8：25）－楊子ヶ宿（8：50）－釈迦ヶ岳（10：45）－深仙宿（11：05）－太古ノ辻（11：25）－前鬼（12：25㊡12：35）－前鬼口（14：30）＝柏木

さないで、頭からかぶる。

西覗（にしのぞき）岩に着く。一面の霧で高度がわからない。絶壁の上端に進み出る。二本の鎖がついているが、体をのり出す気にもなれない。

山上（さんじょう）ヶ岳の宿坊に着いて、ハタと困った。冬季の登山者用に開放した小屋らしいものがない。宿坊はビシッと戸締まりがされ、もぐりこむことはできない。軒下で寝袋を広げることにするかと見回すが、吹き降りになるとぬれそうだ。

付近の建物をぐるぐる見て歩き、荷揚げ用ウインチ近くの小屋を発見した。木製の戸締めをグルッと回すと、トタン張りのドアがあいた。畳一畳の広さの板の間に、ゴザが敷かれ、寝られそうだ。しめしめ、とニッコリする。

小屋内部には、プロパンガスのボンベ、石油缶、ワイヤー、ヒューム管、担架などが置かれている。どうも資材置き場のようだ。

早めに食事をすませる。

濃い霧が夕闇を連れてきた。寝袋に入り、体を休める。

ラジオが台風十九号の接近を伝える。風が出てきた。夜中に雨がトタン屋根を強くたたき、何回も目が覚める。はずれかかったトタン板がパタンパタンと音をたてる。

一般に、秋の台風は、本州に近づくと急に東へ進路を変える傾向があるので、それに望みをかける。朝になったら、風雨は意外に静かにおさまっているかもしれない。

トタンの音で浅い眠りがつき崩される。そのついでに、小用を足しに小屋の外へ出た。下界の灯が霧で拡散し、にじんで見えた。その部分は、ふっくらしたぼんぼりのようだった。

四時過ぎに、完全に目が覚めてしまった。暗灰色の闇が少し白んできた。ライトなしで歩ける時刻には出発するつもりで、ドアを開いたまま、寝袋の中から外をうかがう。台風は、北東に向きを変えようとしているらしい。まずい。

菓子パンの簡単な食事をすませ、小雨のなかを歩く。山上ヶ岳を越し、小笹ノ宿で小屋をのぞきこむと、同大生が出発準備中だった。昨夜はここに泊まるべきだった。彼より先に出発する。

周囲の木がざわつく。上空の風は強いらしいが、登山道あたりは樹林にさえぎられているためか、枝の揺れは少ない。風は左手方向で騒がしいが、稜線の右手は木の葉一枚揺れていない個所もあった。木の葉の水滴がポタッポタッと落ちてくる。

イトザサの道を行く。アップダウンが少なくて助かる。風が強くなってきた。

行者還（ぎょうじゃがえり）の小屋手前にハシゴのかかったガレ場があり、水が豊富に流れていた。手ですくって飲む。うまい。

行者還小屋に着く。同大生が五分後に到着した。

再び雨のなかを行く。頭上の枝がゴーゴーとなっている。

天川辻からはブッシュが深く、ここに道がついているのかと目をこすりたくなる。よく見ると、たしかにイトザサの海に、やや背の低くなった葉の波のくぼみが向こうにつづいている。笹の緑の波を、ザーザーとかきわけて行く。

一ノ垰（たわ）の小屋で小休止する。地面に落ちた葉があちこちでピクピク動く。雨粒が落ち葉にあたり、まるで小魚かバッタが跳ねているみたいだった。

すぐ近くで、チイッと鳥が鳴いた。こんな嵐のなかで、といぶかしく思いながら、その方向を見ると、もたれかかった倒木の幹が風に揺れてこすれあうときの音と判明した。ひょっとすると、小鳥の鳴き声の先生は風かもしれない。

弥山の新しい小屋が見えてきた。

小屋のドアに張り紙があった。小屋番は台風接近のために下ったようだ。

同大生とともに新しい小屋に入る。広くて気持ちがいい。毛布がたくさんあり、思いきり使わせてもらうことにする。

小屋の中でひと息ついたころ、風雨が強くなり、窓の外では、トウヒの枝が空中をまさぐるように、上下したり、左右に揺れていた。

ラジオによると、台風は四国方面から近畿方面をねらう構えのようだ。台風が通過するまでここで停滞するか。明日、もう一泊することを覚悟する。

夜中にネズミが出没したので、ザックを壁につるす。

夜中の零時過ぎにラジオを聴くと、三十分ごとに台風情報を流していた。目覚めるたびにスイッチを入れる。台風は室戸岬付近に上陸後、大阪湾に向かいそうだという。ナニッ。そのコースは、大峰山登山者には最悪ではないか。

あまりのアンラッキーさに、かえって居直り気味になり、余裕のようなものが出てきた。こんな経験はめったに味わえるものではない。この山深い大峰山で、しかも最大暴風雨を体験するのだ。

不幸中の幸いというべきか、台風は速度を時速二十キロから四十五キロにあげたという。うまくいけば、朝、行動するころには風雨は弱くなっているかもしれない。と、ムシのいいことを考える。コースタイムを逆算すると、弥山小屋を遅くとも六時半に出発しなければ前鬼口のバスには乗れそうにない。

五時半ごろから食事をし、ザックのパッキングをすませる。同大生は川合へ下るという。

小屋の外にあったバケツがほぼ満水になっていた。昨日見たときは、底に少したまっていただけだったのに。隣の大台ヶ原では五百ミリ近く降ったという。古いほうの小屋の雨樋がはずれ、屋根のトタンがめくれあがっている。

六時半過ぎ、思いきって外に出る。霧が深く、朝なのに夕暮れのような雰囲気だ。

弥山の頂上は小広く、風が強かった。風は急用でもあるかのように、西から東へ飛んでいく。

歩きながら考える。コースタイムで九時間三十分のところを、はたして八時間で行けるかどうか。しかもこの悪天。ちょっと苦しい。

八経ヶ岳に向かう。西側からの風が強い。台風が北にあるのがわかる。中学生の理科の授業を思い出す。「風を背にして左手方向に低気圧の中心がある」のだ。

倒木が目につく。小枝が無数にたたき落とされている。たき火をするにはもってこいだ。

倒木の数が多くなってきた。根こそぎ倒れているのやら、地上高二メートルぐらいでポッキリ折れているのやら、老木もあれば、折れ口が白くて青年のような木、中心部が茶色く腐ったのもある。

八経ヶ岳から三十分ほど歩くと、道は巻き道になってきた。そこで大きな倒木に道をはばまれた。篠原への指導標が地面に転がっている。倒木の少し上を高巻いてみる。前鬼への登山道が下方に確認できて安心する。

舟ノ垰（たわ）でも老木が道をふさいでいた。迂回して倒木をかわす。こんなことを繰り返していると時間のロスになる。はたして前鬼口のバスに間にあうかどうか心配だ。

下り斜面で、また倒木に出会った。登山道にちょうどおおいかぶさるように倒れているので、木の上を越すしかない。まず足をのせる。体の重心を移そうとしたとたん、ぬれた木に足がツルッと滑り、体が宙に浮いた。頭が下になる。一回転半して地面の岩に肩から落ちる。止まらない。さらに半回転する。一、二秒たったか。体の半分が道からはみ出して腰をおろしたかたちでようやく止まる。

おそるおそる立ちあがる。右の肩が少し痛い。右の腰骨にも少し痛みがある。少し歩いてみる。たいしたことはなかったようだ。

鎖場を何回か過ぎる。露岩の上で風にあおられ、よりいっそう慎重になる。バスの時刻も気になるが、安全優先でゆっくり進む。

途中で、沢水の音のようなものが聞こえてきた。耳をすます。遠くの笹が風にそよいでいるのだった。しばらく聞いていたら、その音は、波の音のようにも聞こえた。

釈迦(しゃか)ヶ岳に着く。ここから前鬼までコースタイム二時間十分。このままだとバスはあきらめて、前鬼泊まりが妥当な線になる。できるだけピッチをあげてみる。

太古ノ辻からは下りとなる。風がおさまり、静かになった。下から水の音が聞こえて、すがすがしい。

ようやく前鬼に着く。小仲坊の宿泊所は無人だった。雨はやみ、青空が見える。バスの通過時刻まであと二時間。コースタイムは二時間二十分の表示。苦しい。

林道歩きがつづく。不動滝が水しぶきをあげている。時計を気にして、小走り気味になる。白い鉄橋が見えてきた。ザックが水を含み、重い。右に左に揺れる。

バス到着の十分前に着く。助かった。

ワサビ谷で大台ヶ原行きのバスに乗り換える予定だったが、道路が通行止めとなり、断念。車掌さんのアドバイスで、吉野川沿いの柏木の旅館に泊まることにする。

旅館の廊下にザックの中身を並べる。ぬれた寝袋を窓の外へたらす。実は今までザックカバーなしで通してきたが、これほど中身がぬれたことはなかった。帰京したら、ザックカバーを購入しようと反省する。

夕食後、旅館のおかみさんと台風の話をする。このあたりでは、沢の増水は風の方向によってそのつど変わるという。東風のときに増水する沢、西風のときに暴れる沢などがあるという。

テーブルの上に地図を広げる。旅館周辺に大迫（おおさこ）ダムや迫（さこ）という地名を発見して親近感をもつ。私の郷里には大左古という地名がある。サコとは、谷が迫っている地形の意味だ。

⑲ 大台ヶ原山

1695・1m（日出ヶ岳）　三重・奈良県

乾いた寝袋などをパッキングし、柏木のバス停に向かう。上市口からのバスはすでに到着し、トイレ休憩の最中だった。十人ぐらいの登山者がいたが、いずれも中高年の人ばかりだ。関東も関西も同じ傾向である。

⑲ 大台ヶ原山

1987年10月18～19日

柏木＝大台ヶ原駐車場（10:40）－尾鷲辻－正木ヶ原（11:10）－日出ヶ岳（11:45㊡12:00）－堂倉避難小屋（13:00㊡13:20）－堂倉滝（13:50）－桃ノ木小屋（15:15⌂6:15）－ニコニコ滝（6:55㊡7:20）－千尋滝（8:00㊡9:00）－登山口（10:05㊡11:00）－宮川第一乗船場（11:05）＝大杉＝松阪駅＝名古屋駅

バスはグングン高度を上げる。窓の外の木は台風に葉をむしられて痛々しい。

大台ヶ原の駐車場にはマイカーがひしめいていた。今日はほとんど雲がない。

正木ヶ原経由で最高所の日出ヶ岳（秀ヶ岳）に登る。イトザサとトウヒを見ながらの遊歩道は気持ちがいい。

頂上からは、大峰山が長大に波をうっているのが望めた。大普賢岳の頂上に白い雲がある程度で、そのほかの峰々はほとんど見わたせる。尾鷲湾の入江が青い。

展望台付近はハイカーなどで人の鈴なりだったが、大杉谷へのコースになると、パタッと静かになった。

シャクナゲの細長い葉が目につく。花の咲くころはさぞかし見事なことだろう。視界は広くないが、歩きやすい道だ。全然、人に会わない。道に靴跡が見える。二、三人は今日下ったようだ。靴跡に自分の歩幅を合わせてみる。細い横縞模様の靴裏の人の歩幅と私の歩幅とが似かよっている。同じ体格の人かもしれない。

クモの糸がすでに道の上に引かれていることを考え合わせると、前の人の通過後、ある程度時間が経過しているようだ。

堂倉避難小屋は新しくて立派な造りだ。ベンチで中高年の男性と外国人男女の三人が休んでいた。三人とも、日出ヶ岳から桃ノ木小屋までを往復したという。先ほど見た靴裏が横縞模様は中高年の男性のものだった。

堂倉滝は見ごたえのある瀑布だった。

吊橋を渡る。いよいよ渓谷沿いの道となる。気をひきしめる。

鎖場、岩のへツリなどがつぎつぎに現われる。二点支持、三点支持などで用心して渡る。頭上に狭い空が見える。天気はいい。

広い岩の上を通るとき、油断して尻もちをつく。とっさに周囲を見る。だれも見ていない。

桃ノ木小屋はしっかりした造りの建物だった。渓流近くまで下りて食事にする。カレーライス、ラーメンがあまり気味で、荷物を軽くしたい一心で両方食べる。

夕方、日出ヶ岳からの登山者が到着する。まず、夫婦一組。ついで男四人、女二人の六人パーティ。五時半ごろ、少し暗くなりかかって男女二人が着いた。宿泊者は全部で十一人だ。

朝、隣で荷物の整理が始まった。時計を見る。四時だ。窓の外には、木の葉のすきまを通して星が二、三見える。かなりはっきり輝いている。空気が澄んでいるらしい。ふとんの中で好天気を喜ぶ。六時を過ぎると外は明るくなった。

登山口までは歩きやすい道だが、ときたま、小さな岩崩れの個所があった。風に折られた小枝を踏みつけて歩く。ポキッ、ポキッと小気味よく折れる。少し大きめの枝は足がもつれそうで、つまずきかねないので、道の脇に寄せる。

ドングリなど、木の実もたくさん落ちている。動物たちの食料が豊富になった。この木の実をアテにしていた動物たちは、一昨日の嵐のとき、ニコニコしながら、家族で肩をたたきあって喜んだかどうか。

ニコニコ滝に立ち寄ってみる。この滝は豪快だ。滝の落ち口は水に見えるが、下方はレースの濃淡にしか見えない。

千尋（せんぴろ）滝で朝食をとる。

それにしても深い渓谷だ。何年か前に歩いた黒部渓谷・下（しも）ノ廊下を思い出す。

道を高巻いて渓流をはるか下に見たり、ぐっと下って水流と同じ高さになったりのコースがつづく。あるときは谷がせばまり、薄暗くて幽玄の世界となる。淵の水は青い。岩をかむ流れが白い。

やがて水流が平らになり、宮川の乗船場に着いた。第一乗船場では、犬を連れた二人の婦人がのんびり釣りをしていた。その風景を見て、渓谷歩きの緊張がゆるんだ。

船は青い湖面を滑るように走る。

大杉に着き、松阪までは二時間、バスに揺られた。

⑽ 雨飾山

1963・3m　新潟・長野県

いよいよ百山目の雨飾山だ。

六月になると残雪もかなり解けるらしいが、気持ちがたかぶり、五月中旬に出かけることにした。

百山登頂を祝おうと、I氏、Y氏、S氏の三人が同行してくれる。

糸魚川（いといがわ）からタクシーに乗り、根知（ねち）駅を経由して、林道の車止めまで入った。

チェーンのゲート脇を通り、幅広い林道を登る。木々の緑のなかに赤い花びらがの

100 雨飾山

1988年5月15～16日

糸魚川駅＝車止め（15：20）－梶山温泉（16：40⌂7：25）－難所のぞき（7：50）－休憩（8：35～8：45）－休憩（9：25～9：35）－中ノ池（9：45㊡9：55）－笹平（10：35）－雨飾山（11：10㊡12：15）－水場（13：35㊡13：45）－林道（14：15）－小谷温泉（15：00）＝南小谷駅

ぞく。雪椿の花だ。

冷清水の水がうまい。

対岸の鬼ヶ面山、駒ヶ岳が黒い岩肌を見せる。林道から登山道に入るあたりから残雪が見えてきた。スパッツをつけるほどではない。右にカーブする山道を回りこむと梶山温泉（現雨飾温泉）の雨飾山荘の白壁が上方に見えた。山荘は今季オープンしたばかりで、この日、露天風呂用のパイプに湯が通ったとのこと。源泉は四百五十メートル先にあるという。

同行の三人が譲ってくれて、私が今シーズン最初の入湯者となった。湯の中から新緑と残雪を眺める。

山荘の人の話では、昨日、頂上をめざした人が雪でルートがわからなくなり、引き返してきたという。

部屋に入って寝ころぶと、屋根裏の太い梁が恐竜の骨のように見えた。こんなブナの大木をよく運んだものだ。

窓から外を見る。コブシの花がまだつぼみの状態だ。

静かな雨が降ってきた。沢をはさんで、鬼ヶ面山の山肌が白くけぶる。斜面の新緑が上方にはいあがろうとしているが、冷たい雨で足踏み状態だ。遠くの若葉が風に揺れる。風の強弱によって、薄緑のかたまりがときにはユサユサ、あるときはチリチリと動く。

夜中には星が見えたが、朝は曇り空でガッカリした。

歩き始めてまもなく夏道が隠れ、残雪の上を歩くことになった。

いつしか頭上の雲がとれ、青空が見え始めた。

「難所のぞき」で先行の三人パーティに追いつく。三人ともベテラン風だ。言葉を交わす。そのうちのひとりは百名山完登者で、一年前の三月、羅臼岳で満願成就したとのこと。私が百名山完登者を目の前にしたのはこれが初めてのことだった。

ひと足先に歩く。尾根道をたどる。樹林帯を抜けると山頂が見えたが、そこへたどり着くには、ベッタリと雪のついた斜面を登らなければならない。少し緊張する。

雪にのせた足が揺らいで、「アッ」と思ったときは遅かった。四、五メートル滑って、なんとか止まる。気をつけねば……。ここからピッケルを使うことにする。

中ノ池らしい地形に出るが、一面の雪だ。

ポリタンクに水を入れてくるのを忘れたので、残雪を詰めこみ、早く溶けるようにザックにつるして歩くことにした。

急斜面に靴のつま先をけりこみ、ステップを刻んで高度をかせぐ。この長い斜面で滑ると、さっきのようには無事には止まらない。口元をひきしめ、念入りに足を運ぶ。滑りそうなときはもう一度つま先を雪にけりこむ。

ダケカンバの枝が白い斜面からのぞいている。振り返ると、鬼ヶ面山の下方には雲海が押し寄せ、銀幕のように輝いている。

雪を掘り、腰をおろす。鳥の鳴き声が聞こえる。ウグイスの声に混じって、チョチヨチヨチヨ、ツィーッ、ツィーッ、チュピチュピ、ホーッ、ホーッなどと届いてくる。日焼けと雪焼けをおそれて、タオルで顔をおおいながら歩くことにする。そこからひと登りで傾斜がゆるくなり、笹平に着いた。

雪の一部が解けていて、笹の緑がのぞいている。焼山、火打山が近くに見える。頂上を見上げ、最後の登りを前にして大きく息を吸いこむ。頂上まで、またしても雪の斜面だ。

最後は土の道となり、石仏のある頂に着いた。石仏たちは静かに糸魚川方面を向いていて、信心深い地元の人たちによって祀られたことをしのばせる。

三角点のあるもうひとつ別の高みに移動する。そこには小さな岩が積み重なっていて、山名標識が立っていた。

後立山連峰が雲海の上に見えた。白馬三山、五竜岳、鹿島槍ヶ岳などが並ぶ。自分の歩いた「日本徒歩横断」ルートを目でなぞる。

焼山、火打山の右手には、雪で白っぽい乙妻(おとつま)山と、山頂部の黒い高妻山が寄りそっている。

荒菅(あらすげ)沢方面をのぞく。雪でまっ白だ。

記念撮影をする。ビールを飲み、山頂で憩う。すがすがしい風が吹いてくる。

石鎚山から始まった『日本百名山』がようやく雨飾山で終わった。日本百名山にはすでに数多くの人が完登しているせいか、「日本徒歩横断」のときほどの大感激は起こらなかった。

雨飾山荘の焼きおにぎりをほおばる。

約一時間休んだのち、下山することにした。

頂上直下の下りの雪面でスリップし、十メートルほど尻セードとなる。油断した結果だ。

笹平を歩いていたら、下で会った三人パーティが到着した。

雨飾山ですがすがしい風を浴びる。百山で味わったさまざまな風を振り返る
（撮影＝三枝輝雄）

いよいよ荒菅沢をめざして下る。聞いていたとおりの急斜面だ。目をこらすと、下方の雪面に踏み跡の細い線が確認できた。

ここでスリップすれば、何百メートルも滑ることになる。転倒したら、即座にピッケルで滑落停止体勢をとらなければいけない。はたしてうまく止めることができるかどうか自信がない。しかし、下るしかない。

I氏はグリセードでどんどん高度を下げる。とり残された気持ちになるが、こちらはカカトに力を入れ、一歩一歩雪面に押しこむように歩く。

意外に小気味よく下れる。しかし、下方を見ると、かなり長丁場だ。途中、二回ほど足が滑り、ハッとする。二回ともピッケルを雪にくいこませて、ことなきを得た。やはり六月以降にしたほうがよかったかと口の中でつぶやく。

雪で埋まった荒菅沢を横切り、トラバース気味に歩く。ブナ林のなかには、道しるべの赤い布切れが二、三見えた。もう難所はなさそうだ。ザックに腰をかけて休む。広河原のところどころは雪が解け、ミズバショウがのぞいていた。振り返ると、雨飾山が形よく見えた。

まもなくアスファルト道に出て、スパッツをはずした。

小谷(おたり)温泉の古い旅館で湯につかったあと、南小谷までのバスに乗った。

大糸線、中央本線を乗り継ぐ東京までのコースは「日本徒歩横断」ルートと寄りそうように走る。

車窓からは白馬三山、鹿島槍ヶ岳が大きく見えたほか、最後尾の窓からは短時間であったが、雨飾山が鉄路の上にのぞいた。車両は揺れるが、雨飾山は静止しているかのように見えた。

付録 『日本百名山』完登のためのアドバイス

『日本百名山』を効率よく登るために

季節の選び方

季節については、夏のほうがバスの便数、山小屋の開業期間などで有利な場合がある。たとえば、朝日連峰、飯豊（いいで）連峰、富士山、御嶽（おんたけ）山などは八月下旬を境にしてバス便が減る。山小屋の小屋番もそれに合わせて下山する場合が多いようだ。

さらに考えたほうがいいのは、昼間の長さである。六月下旬と九月下旬とでは約三時間の差がある。一日の行程の長いコースは昼の長い時期に歩くのが得策だ。

しかし、夏が有利ばかりとはかぎらない。夏の山麓では、ヘビ、マムシ、ヒルなどに遭う可能性がある。荒島岳、大峰山、大台ヶ原山などは秋にまわすのがよいかもしれない。

コースの選び方

登山コースの選び方によって同じ山でも難易度にちがいが出るが、ことさら難コースをとる必要はない。自分にとって不安のないコースを選ぶことだ。

もし、登山そのものの経験が浅いことを不安に思っている人は、歩程が短くて不安の少ない山から始めることだ。たとえば、筑波山、美ヶ原（うつくしがはら）、霧ヶ峰、那須岳などは比較的楽に歩ける。これらの山歩きで自信がつけば、次のステップの山を選べばよい。

奥穂高岳から槍ヶ岳の間にある大キレット、唐松岳から白馬岳の間にある不帰ノ嶮、幌尻岳手前の徒渉などは、ある程度ほかの山域を歩いてからのほうがいいだろう。

また、完登するまで足かけ十数年かかることを考えれば、体力の衰えないうちに、困難度の高い山を片付けておくことも作戦のひとつだ。ただし、体力が衰えた分は宿泊数を増やしてカバーする案も検討したい。

頂上を踏むだけではもったいない

余裕があれば、できるだけうるおいのあるプランを組むことをおすすめしたい。

『日本百名山』にはたしかに〝いい山〟がたくさん含まれている。頂上を踏むことを最優先するあまり、道草の要素を軽んずるのはまことに惜しい。自分で歩いてみたいコースを付加して変化をつけたい。

山域・最高所などの解釈について

百名山登山の計画をする段階になり、どの山頂に登ればいいのか、判断に迷うケースがある。阿寒岳は雌阿寒岳か雄阿寒岳か、霧島山は韓国岳か高千穂峰か、などだ。

『日本百名山』の本文を読んで気づくのは、深田久弥個人として、あるいはその時代には、山に狭い意味を持たせるのではなく、山域・山群といった広域の意味を含めている点で、現在の感覚とはズレを感じる例がある。

たとえば、『八ヶ岳』の項では、彼は赤岳という呼称より八ヶ岳という呼称を使っている。また『鳳凰山』では、「三峰（著者注・地蔵岳、観音岳、薬師岳）を含めて鳳凰山と呼んだ方が妥当と思われる」と記している。

深田久弥が登った時点からは交通機関も変

化し、登山道が廃道になったルートもある。その時代に適合した登山をするしかないが、自分の登り方を軸にして、おおらかに『日本百名山』を楽しめばいいと思う。

以下、混乱を起こしそうな項目のほか、おすすめポイントなどを挙げてみた。

（山名の上の数字は深田久弥『日本百名山』の掲載順を示す。引用個所は文庫版に拠った）

1利尻岳

最高地点は南峰（一七二一メートル）だが、ルート崩壊のため立入規制されている。登山者が到達できる最高所・北峰（一七一九メートル）には祠が祀られている。

4阿寒岳

単行本・文庫本の見出し下の標高は雌阿寒岳を指していて、混乱を生んでいる。深田久弥は「登ってみもしないで選定するのは（略）私の好まないところであった」としていて、ここは雄阿寒岳が本筋だ。本文には「雌阿寒岳は（略）私が昭和三十四年（一九五九年）の夏訪ねた時はちょうど噴火が始まっていて、登山禁止になっていた」「両阿寒に登るつもりだった私は、雄阿寒だけで我慢せねばならなかった」とあり、残念さが伝わってくる。

5大雪山

現在、同名のピークは存在せず、大雪山系などと呼ばれる。最高点の旭岳をはずせない。

11八甲田山

「八甲田山」は総称名であり、同名のピークはない。八甲田大岳が同山群の最高峰だ。本文には「毛無岱に下ることをお勧めしたい。これほど美しい高原は滅多にない」とある。山頂部だけではなく、中腹を含めて楽しむ深田久弥の姿勢が感じられる。

12 八幡平

本文には「八幡平の最高点は一六一四米の三角点のある所だが、特別に峰と称するほど際立ったものではない。（略）高原状の全山地を指して、八幡平と呼んでいる」とある。

たしかに、三角点だけが景観にすぐれているわけでなく、むしろ周辺部のほうが見所が多い。三角点を含み、その周辺を歩くべきか。

17 朝日岳

本文には、「朝日の価値は連峰全体にあると見なしていいだろう。（略）大朝日岳は、見紛うことのない顕著な存在」とある。

大朝日岳を登るだけでは朝日岳を味わうことにはならないと解釈できそう。

18 蔵王山

本文には、「われわれが蔵王と呼ぶ時には、この一連の山脈を指して言う。（略）もし最高点を盟主とするならば、それは熊野岳であって」「おそらく昔は蔵王の代表は刈田岳ではなかったかと思われる」「今でも宮城側からの蔵王登山はこの刈田岳であって」とある。

蔵王は山形県と宮城県にまたがっていて、熊野岳は山形側に、刈田岳は宮城側に位置する。両方をつなぐルート上からお釜（火口湖）を眼下に見ることができる。

19 飯豊山

本文には、「飯豊山というより飯豊連峰と呼んだ方が適当かも知れない」「最高峰は大日岳だが、古来信仰の対象になった飯豊山は、その東にある二一〇五米峰」としている。

20 吾妻山

本文に古記を引用して「実の名は一切経山なれども、土俗総称して吾妻山という」と紹介し、「一切経山を主峰として崇めていたのかもしれない」「吾妻山は非常に広範囲で、その最高峰は西吾妻山である」と記している。
信仰上での一切経山の存在感は大きい。最高地点をめざす場合は西吾妻山を踏む。ただ、西吾妻山山頂は樹林に邪魔されて展望には恵まれない。登山者の多くは「これが山頂？」と期待外れの感想を持つ。一切経山に比べて里人が数多く訪れたとは考えにくい。西吾妻山より西大巓のほうが展望に恵まれている。

21安達太良山

主峰は安達太良山だが、山域での最高所は箕輪山だ。

24那須岳

本文には「正面に大きく現われるのが茶臼岳である。これは那須連山の最高峰（注＝三角点の最高峰は三本槍岳）であるのみでなく」「その中枢部の茶臼、朝日、三本槍を、所謂那須岳と見なしていいだろう」とある。
茶臼岳は火山活動が実感できる点で那須岳のシンボル的な存在だ。三本槍岳は地形的には物静かな広がりを持つ。山名は三藩が持ち寄った槍を境界点に立てたことに由来するという。

28燧岳

三角点の設置されているのは俎嵓だが、最高所は柴安嵓だ。

30谷川岳

トマノ耳には「日本百名山」の標柱が立っている。最高所のオキノ耳へは十分前後で到達できる。

41草津白根山

本文は草津白根山についての引用文を紹介し、「この骨立無膚という形容が面白い」

としたうえで、「草津白根山は絶頂を極めて快哉を叫ぶといった山ではない」「登山客は（略）火口壁の上の道を行く。元気のある人は一周も可能である」「この山の南方約三粁（キロ）に本白根山がある。こちらの方が十数米高いから、これを草津白根の本峰と見なすべきかもしれない」とある。

　草津白根山の「湯釜展望台」までは、バス停「白根火山」から十分ほどで達することができる。現在も火口縁を一周することはできない。

　一方、本白根山は山頂手前の二一五〇メートル地点に「立入規制」があり、「本白根探勝歩道最高地点」と表示されている。私が現地へ行った際は、強い「立入規制」がされていなくて、最高所まで歩いたが、樹林に囲まれていて、印象深いものではなかった。

（二〇二三年四月現在、両山とも火口周辺五百メートル圏内は立入規制されている）

43浅間山

火山活動が活発で、噴火を繰り返している。状況次第で登山規制区域を設定している。

高峰高原側からのルートと天狗温泉浅間山荘側からのルートは途中で合流し、山頂直下に建てられたシェルター（避難壕）付近までは行ける。ここから山頂側へは進むことができず、前掛山までを往復する。

（二〇二三年四月現在、火口周辺二キロ圏内は立入規制されている）

46五竜岳

三角点は縦走路からわずかに離れた地点に設置されている。立ち寄っておきたい。

49立山

深田久弥は雄山中心に記している。雄山神社の社務所があり、山岳信仰の雰囲気が漂う。最高所の大汝山（おおなんじ）は山頂が狭く、地味な感じだ。

55穂高岳

本文には、「明治の末年頃から、日本山岳会の先輩たちが相ついで登り、それまで一括して穂高と呼ばれた岩峰群に、北穂高、奥穂高、涸沢（からさわ）岳、前穂高、西穂高、明神岳という風に、それぞれの名称が与えられるようになった」とある。最高峰の奥穂高岳と他のピークをつないで歩く。

58焼岳

最高所の南峰は立入規制されている。

61美ヶ原

本文には、「美ヶ原の範囲はどこまでを指すのか知らないが、南の茶臼山から北の武石（たけいし）峰まで、広潤（ママ）な山上の草原が、果てしもないように続いている」とある。最高点・王ヶ頭を含んだうえで、美しの塔あたりまでを散策する。

64八ヶ岳

本文には、「最高峰は赤岳、盟主にふさわしい毅然とした見事な円錐峰である」「八ヶ岳のいいところは、その高山地帯についで、層の厚い森林地帯があり、その下が豊かな裾野となって四方に展開していることである」とあり、八ヶ岳の名が何回も出てくる。

67甲武信岳

主峰は甲武信（こぶし）ヶ岳だが、山域の最高所は三宝山だ。

71丹沢山

本文には、「大山は丹沢山塊の別格であって」「私が百名山の一つに丹沢山（丹沢山というのは山塊中の一峰である）を取りあげたのは、個々の峰ではなく、全体としての立派さからである」「塔ヶ岳などは昔からよく人が登ったらしく、頂上の近くに黒尊仏と呼ばれた（略）巨大な岩（大震災で崩壊した）があって、尊崇されたようである」とある。
　かつては塔ノ岳山頂には樹林もあったようだが、現時点では裸地化し、深遠さは感じられない。その点、塔ノ岳から丹沢山をへて蛭（ひる）ヶ岳までの縦走路は丹沢山塊の魅力をそなえているし、蛭ヶ岳では山域の最高点に到達した気分を味わえる。

73天城山

　本文には、「つまり一つを指して天城山と呼ぶ峰はなく」とある。
　最高峰・万三郎（ばんざぶろう）岳の山頂付近には樹林があり、展望できる角度は限定的だ。

79鳳凰山

　本文には「鳳凰山とは、現在では、地蔵岳、観音岳、薬師岳の三峰の総称になっている」「地蔵岳の絶頂に、二個の巨石が相抱くように突っ立っている。古人はこれを大日如来に擬して尊崇したところから、法皇山の名が生じたと言われている」とあり、地蔵岳に力点をおいている。最高地点は観音岳だ。薬師岳は二つのピークから成り、最高所は縦走路からわずかに離れている。

86光岳

　山頂は樹林に囲まれていて展望が得られず、多くの人の第一印象は「物足りなさ」だろう。私が訪れた当時は手書きの山名標識があるだけだった。「感激」というよりは「気持ちが鎮まる」という気分だった。山頂から十分弱の「光岩（てかりいわ）」まで足を延ばすと南側が開ける。目の前の小さな岩峰へ登ると満足感を増す。

91大峰山

　本文には、「いま多数の人が大峰詣りとして登山するのは（略）山上（さんじょう）ヶ岳であって」

58	焼岳	北峰	2444	
		南峰	2455.5	立入規制
67	甲武信ヶ岳	甲武信ヶ岳	2475	
		三宝山	2483.5	
71	丹沢山	大山	1252	「丹沢山塊の別格」（深田）
		塔ノ岳	1491	
		丹沢山	1567	「日本三百名山」選外
		蛭ヶ岳	1673	「日本三百名山」選外
79	鳳凰山	地蔵岳	2764	オベリスク（岩峰）はシンボル的存在
		観音岳	2840.7	
82	塩見岳	西峰	3047.3	三角点
		東峰	3052	
91	大峰山	山上ヶ岳	1719.4	女人禁制
		弥山	1895	
		八経ヶ岳	1915.2	
92	大山	弥山	1709.4	三角点は立入規制
		剣ヶ峰	1729	弥山との稜線は立入規制
94	石鎚山	弥山	1972	
		天狗岳	1982	
95	九重山	久住山	1786.5	
		中岳	1791	
98	霧島山	高千穂峰	1573.6	深田久弥の記述
		韓国岳	1700.1	

■最高点が立入規制の山（2023年4月現在）

登山道未整備のため……利尻岳、焼岳、大山

火山活動のため……草津白根山、浅間山、御嶽山（期間限定で登頂可）

■登山時に火山情報の確認が必要な山域

十勝岳、磐梯山、草津白根山、浅間山、焼岳、御嶽山、九重山系、阿蘇山、霧島山系など（このほかにも気象庁が火山情報を発表している山がある）

日本百名山・最高所データ

	表題	山名	標高(m)	付記
1	利尻岳	北峰	1719	
		南峰	1721	崩落気味で歩行困難
4	阿寒岳	雄阿寒岳	1370.4	
		雌阿寒岳	1499	深田久弥登らず
18	蔵王山	刈田岳	1757.8	宮城県
		熊野岳	1841	山形県
19	飯豊山	飯豊山	2105.2	飯豊山神社に近い
		大日岳	2128	
20	吾妻山	一切経山	1949.1	
		西吾妻山	2035	
21	安達太良山	箕輪山	1728	
		安達太良山	1699.7	
24	那須岳	茶臼岳	1915	シンボル的景観
		三本槍岳	1916.9	
28	燧ヶ岳	俎嵓	2346.2	三角点
		柴安嵓	2356	
30	谷川岳	トマノ耳	1963	「日本百名山」標柱あり
		オキノ耳	1977	
33	妙高山	北峰	2445.8	三角点
		南峰	2454	
41	草津白根山	草津白根山	2160	立入規制
		本白根山	2165	手前で立入規制
		無名峰	2171	
44	筑波山	女体山	877	
		男体山	871	
47	鹿島槍ヶ岳	北峰	2482	
		南峰	2889.2	
49	立山	雄山	3003	
		大汝山	3015	

「しかし中世から近世にかけて興隆した修験道の山伏たちの道場は、山上ヶ岳ではなく、全大峰山脈にわたっていた」「残雪を踏んで八経ヶ岳の頂上へ登った。一九一五米、近畿の最高地点である。（略）私はその最高峰を踏んだことに満足して山を下った」とある。山上ヶ岳は現在でも女人禁制を守っている。

92大山

山域の最高地点は剣ヶ峰（一七二九メートル）だが、大山を代表するのは弥山（一七〇九・四メートル）といえる。弥山の三角点、および弥山と剣ヶ峰とを結ぶ稜線は崩落のために立入規制されている。

95九重山

本文には「何といっても品のあるのは久住山である」とある。深田久弥が登った時点では久住山が九州での最高峰とされていたが、その後の測量で中岳のほうが高いことが判明した。久住山は中岳よりは標高は低いが、主峰らしい雰囲気を持っている。

97阿蘇山

阿蘇五岳のうち、深田久弥は中岳、高岳について記している。この二峰は必要条件だ。

98霧島山

本文では高千穂峰を主題としている。もともと雑誌『山と高原』掲載時点での見出しは「高千穂峯」だった。単行本では、本文そのものはほぼ同一であるにもかかわらず、見出しを「霧島山」にし、韓国岳の標高を表示した。本文と見出しとの間にズレが生じたため読者に混乱を招くことになった。

高千穂峰と韓国岳とを結ぶ縦走路上の新燃岳は、近年、火山活動のために立入規制されている。

『日本百名山』の成立とその周辺

『日本百名山』に関連して、『日本三百名山』『日本200名山』にもふれておきたい。

　成立の順番は、まず『日本百名山』、そのあとに『日本三百名山』が生まれて、次に『日本200名山』の順になる。これらの選定内容には相互にズレがあり、同じ線上に並べて関連付けようとしても、つじつまの合わない要素を含んでいる。

『日本百名山』（深田久弥選定）

　深田久弥が一九四〇年三月号から雑誌『山小屋』（朋文堂）で連載を開始した。初回に「高千穂峯」が登場している。連載は十回二十山の段階で中断された。この時点では標高や地図は掲載されていない。


　一九五九年三月号から、雑誌『山と高原』（朋文堂）で新たに連載を開始し、一九六三年四月号で完了した。標高は表示されていなくて、地図は四十四山に掲載されている。

　一九六四年七月、単行本（新潮社）化の際に雑誌連載時の有明山をはずして奥白根山に入れ替えた。見出し下に標高（最高所など）と地図（概念図）を追加し、本文の一部を改稿した。

　一九七四年七月、『深田久彌　山と文学全集Ⅴ』（朝日新聞社）に収載された。

　一九七八年十一月に新潮文庫（新潮社）、一九八二年七月に朝日文庫（朝日新聞社）として刊行された。

『日本三百名山』（日本山岳会選定）

　日本山岳会編『山日記』（一九七八年版）に掲載した。選定目的は、『日本百名山』を前提にして、さらに二百山を加えて三百山とすることにあった。『日本百名山』と比較すると、主題とした山、あるいは標高表示の点で、関連性には濃淡の差がある。『日本三百名山』の選定内容は以下の通り。

・阿寒岳＝雄阿寒岳（雌阿寒岳は選外）
・蔵王山＝熊野岳（刈田岳は選外）
・吾妻山＝一切経山、西吾妻山
・那須岳＝三本槍岳（茶臼岳は選外）
・谷川岳＝トマノ耳（オキノ耳は選外）
・草津白根山＝本白根山（白根山［草津］は選外）
・鳳凰山＝地蔵岳（観音岳、薬師岳は選外）
・立山＝大汝山（雄山は選外）
・丹沢山（山域名）＝塔ノ岳（丹沢山［個別の山として］と蛭ヶ岳は選外）
・大峰山＝八経ヶ岳、山上ヶ岳
・大山＝剣ヶ峰（弥山は選外）
・石鎚山＝天狗岳（弥山は選外）
・霧島山＝韓国岳、高千穂峰

『日本200名山』（深田クラブ選定）

深田クラブ（深田久弥を敬愛する同好の士が設立）が一九八四年に選定し、単行本『日本200名山』（昭文社・一九八七年）を刊行した。選定目的は「百と三百との間の中間的な目標を設定する」として、日本山岳会選定の三百山から深田百名山を除外して「残った二百山」から百山を選ぶはずだった。しかし、新規に荒沢岳（『日本三百名山』では選外）を加えたため、合計で三百一山になった。霧島山は「韓国岳＝100山枠」「高千穂峰＝200山枠」と位置づけている。

参考資料

・「山と高原」（朋文堂）［国立国会図書館蔵］
・『日本百名山』（新潮社・一九六七年八刷）
・『日本百名山』（新潮文庫・一九七八年初版）
・『日本百名山』（朝日文庫・一九八二年初版）
・『山日記』（日本山岳会・一九七八年版）
・『日本200名山』（昭文社・一九八七年）
・『日本300名山ガイド　東日本編・西日本編』（新ハイキング社・一九九四年）
・『新版　日本三百名山登山ガイド　上・中・下』（山と溪谷社・二〇一四年）

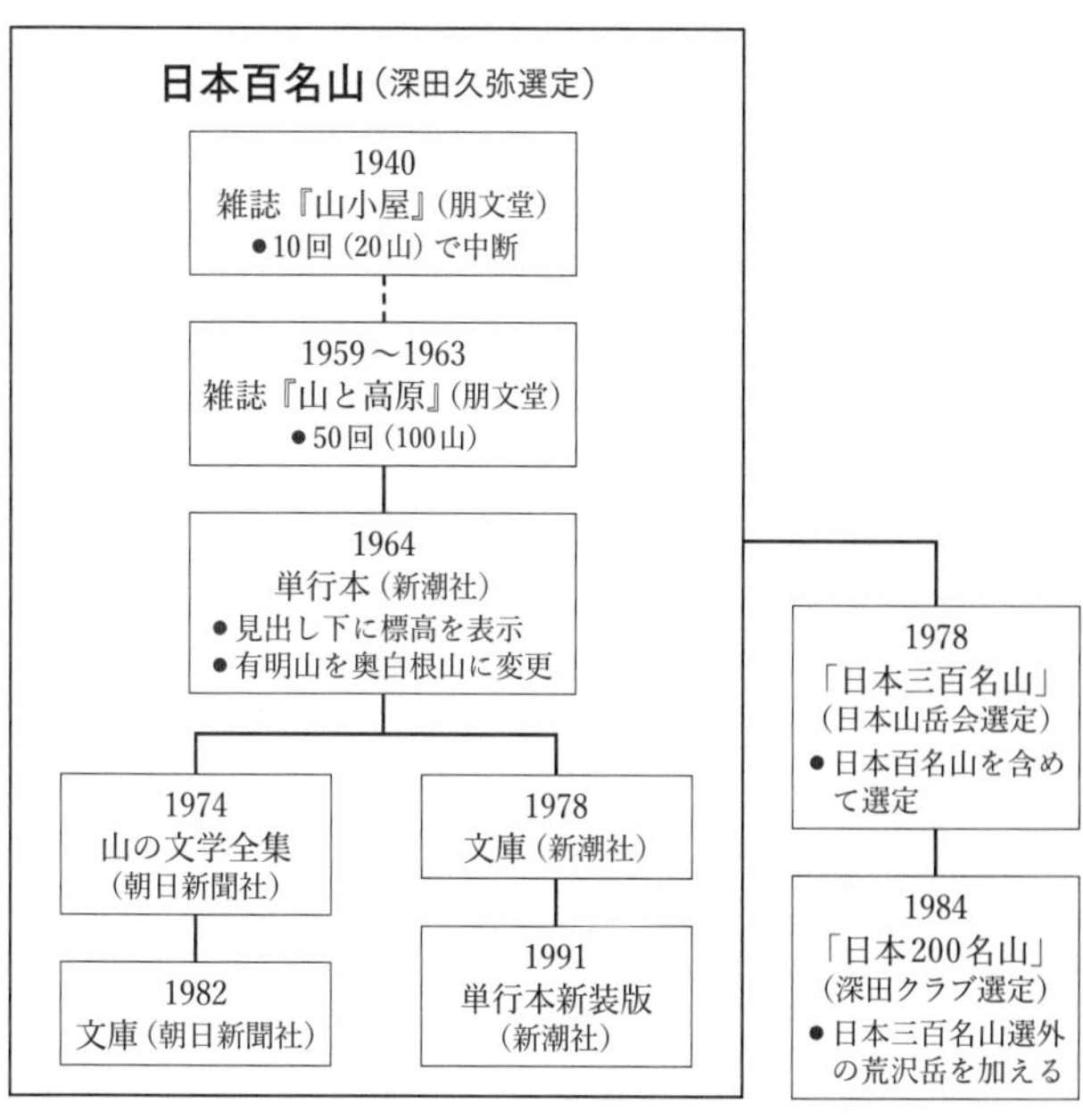

「選定の山」「主題の山」比較例

	雑誌連載	単行本	日本三百名山	日本200名山
阿寒岳	本文は雄阿寒岳	本文は雄阿寒岳	雄阿寒岳 （雌阿寒岳は選外）	雌阿寒岳
霧島山	見出し・本文とも高千穂峯	見出しは霧島山 本文は高千穂峰	高千穂峰 韓国岳	韓国岳（100山枠） 高千穂峰（200山枠）
丹沢山	個々の峰ではなく、全体としての丹沢山		塔ヶ岳 （丹沢山・蛭ヶ岳は選外）	丹沢山

あとがき

『日本百名山』を完登してみて、私にとって『日本百名山』とは何だったのかを振り返ってみると、それは、山登りをつづけていくうえで、手応えのある目標となり、山登りの内容を高めてくれる心の支えでした。

『日本百名山』を登ることは、『日本百名山』教、『日本百名山』病にとりつかれたといえるかもしれません。すべての山に登りきり、満願成就するまでの苦しみと感激は、ある種の恍惚感につながります。『日本百名山』に限らず、ひとつのテーマに十年以上とらわれることは、人生のなかにたびたび存在することではないでしょう。

プラン段階の時間を加えると、『日本百名山』にかかわる時間はかなりの量になります。また、現地までの移動中、そして山中での歩行中に世間の多くの事物や自然のありさまを数多く見聞きすることができます。おおげさに言えば、『日本百名山』によって、ものの見方さえ変わってしまうかもしれません。

私の場合、もし『日本百名山』にとらわれずに山登りをつづけていたら、北海道、九州などの遠隔地まで出かけていたかどうかは疑問です。東京近郊の山を離れて山歩きする機会をもち、各地の山にふれることができたのは『日本百名山』のおかげです。北海道、東北、九州の山には「おおらかさ」がありました。本来、山自体が素朴だとか、すれているハズはありません。山の印象は、登山者の服装、会話、小屋、道標など、その山に関わる人間の要素が大きいと思います。

各地の山を歩くことで多くの人たちと直接、間接にふれることができました。

＊

単独行の多い私は、どの山に行くときも直前までいつも不安にとりつかれます。

その行程を歩き通せるか、服装はこれで充分だろうか、食料や水はもう少し多めにすべきだろうか、雨に遭ったらどうしようか、ケガをして動けなくなったら……、新雪は来ていないか、残雪に悩まされないか、などなど。

不安に囲まれながらも、なぜ山に出かけるのかは私自身、よく整理できていません。興味のおもむくままに行動するほかないとわりきっています。

＊

『日本百名山』完登は自分の意志だけでなく、だれかの導きによって可能になったとも感じます。

『日本百名山』を強く意識することになったのは浅間山で会った九十九山目の男性であり、中断していた『日本百名山』を再開するきっかけになったのは、服部セイコー会長の完登ニュースでした。

縦走主体の私の山歩きは、登山道を切り開いた人、山小屋建設をした人のおかげで達成することができたともいえます。私の『日本百名山』完登の裏には多くの人の支えがあったことを感じます。

極端な例ですが、山中でひとりの人間にも会わないと事前にわかっていたら、山歩きはきっとさびしいものになるでしょう。奥深い山で思いがけずに人と出会い、言葉を交わすことなく別れることがありますが、心のなかでその人にエールを送り、何十分間もその人のことを思いつづけていることをよく経験します。山歩きは人との出会いの連続でした。多くの人に感謝いたします。

今までのお返しをする意味で、この本が皆様のお役に立てばさいわいです。

『日本百名山』完登をめざしている人に限らず、山歩きする方々の安全な登山を祈っています。

文庫版のためのあとがき

――『日本百名山』『日本飛脚名山』『日本フェイク名山』

いきなりですが、ショート・ショート「『日本百名山』変じて『日本飛脚名山』『日本フェイク名山』の巻」です。

常日ごろ深田久弥は登山者の「飛脚的な登り方」（聖岳の項で記述）をいぶかしく眺めていました。せっかく山に出かけているのだから楽しみながら歩けばいいのに、もったいない、と。そんな折り、『日本百名山』の雑誌連載が完結し、単行本化の作業が進行していました。

出版社から届いた印刷見本を手にして深田久弥の目が止まりました。彼が注目した二点は、「阿寒岳」に自分自身が登っていない雌阿寒岳の標高が追加されている点と、「高千穂峰」の見出しが「霧島山」に変更されて韓国岳の標高が表示されている点でした。本文内容を取り違えていることに深田久弥は気づいたのですが、茶目っ気を出して一計を案じました。「このままの状態で出版すれば、この本の内容が読者に届いているかどうかが判定できるのではないか。ちょっとばかりフェイクを入れて『日本フェイク名山』を世間に泳がせたらどうなるか。語呂が『日本百名山』に似ているのもご愛嬌だ」と考えたのでした。

単行本化されたあと、深田久弥が空高くから下界を見下ろすと、『日本百名山』ブームが起こり、『日本フェイク名山』が定着しそうな状態でした。しかも「飛脚的」な登山者が目立ちました。この様子を見て「まるで『日本飛脚名山』だ。これも語呂が『日本百名山』に似ているなぁ」と苦笑しました、とさ。

以上、想像の翼を広げた逸話風の駄文でした。

＊

私は『日本百名山』完登後もたびたび『日本百名山』各書を読み返しています。（余談ですが、照合すると表記の異同は単行本・新潮文庫では八百以上、単行本・朝日文庫では二百ほどありました。）これらを読むたびに二つの「ズレ」を感じます。

ひとつは「『日本百名山』自体のズレ」で、代表例は「阿寒岳・霧島山」問題です。

深田久弥が主題にした山は雄阿寒岳・高千穂峰ですが、単行本化の際に雌阿寒岳・韓国岳の標高を表示したために本文との間に「取り違え」の余地を生じました。私もこの「ズレ」に惑わされ、拙書（1988年）ではまぎらわしい表現になったことを反省しています。

道に迷ったら、「今さら引き返せない」ではなく、「確認地点へ戻れ」に従うべきでした。本文を読みさえすれば、すんなりと雄阿寒岳・高千穂峰に到達できたのです。もうひとつは「完登をめざす人と深田久弥とのズレ」です。深田久弥の「山に向かう姿勢」としては、「飛脚的な登山を望まない」が知られています。また、「百名山完登をめざしている人の多くは本文なんか読まない。目次の山名に登った印をつけているだけだ」と指摘する声もあります。つまり『日本百名山』完登をめざす一部の人たちの登り方は「深田久弥の登り方」とは対極の位置にあるというわけです。

ズレとズレとが重なって、『徒然草』の話に移ります。

教科書でもおなじみの五十二段の概略は「先達（案内者）はあってほしいものだ。石清水を拝んだと独り合点して帰宅した老法師がじつは本尊を拝んでいなかったことに気づく。現地では他の方向へ進む大勢の人を目にしたが、その方向には進まなかった」です。

『徒然草必携』（久保田淳編・1981年・學燈社）の注釈には、「この老法師は世事に疎く、気の毒でもあり、滑稽でもある。しかし、老法師の宿願は果たされたことになるのではないか。信仰とは畢竟個人個人の問題である。老法師は末社の神、末寺の仏に八幡大菩薩を見出したのである。彼の渇行の姿を嘲笑する他人は、それを見出しえてはいないのである」との大意が記されています。

『日本百名山』完登をめざす登山者のたどる道は大別して「可能な限り深田久弥の登山精神をたどる」か、「深田久弥の登山精神にしばられない」か、だと思います。いずれであろうと、登山者自身が自分の登り方に満足しているのであれば、「個性のない登山」を嫌っていた深田久弥はほほ笑みながら首を縦に振ってくれるでしょう。

百名山という星。「登った山」という星。感動という星。これらを結びつけてできる独自の星座。

ひとりひとりが自分なりの星座を描けばいいと思います。

二〇二三年四月　　　　著　者

山名索引

［注］数字は本書の登頂順の通し番号で、索引名がそのブロック内にあることを示す。

〈お〉

〈か〉

〈き〉

〈く〉

本書は一九八八年八月に小社が刊行した『ひとりぼっちの日本百名山』に加筆訂正を施して再編集したものです。付録の「『日本百名山』完登のためのアドバイス」は全面的に改稿しました。

カバー・本文写真＝佐古清隆
編集＝藤田晋也、佐々木惣（山と溪谷社）

ひとりぼっちの日本百名山

二〇二三年七月五日　初版第一刷発行

著　者　佐古清隆
発行人　川崎深雪
発行所　株式会社山と溪谷社
郵便番号　一〇一－〇〇五一
東京都千代田区神田神保町一丁目一〇五番地
https://www.yamakei.co.jp/

■乱丁・落丁、及び内容に関するお問合せ先
山と溪谷社自動応答サービス　電話〇三－六七四四－一九〇〇
受付時間／十一時～十六時（土日、祝日を除く）
メールもご利用ください。
【乱丁・落丁】service@yamakei.co.jp
【内容】info@yamakei.co.jp
■書店・取次様からのご注文先
山と溪谷社受注センター　電話〇四八－四五八－三四五五
ファックス〇四八－四二一－〇五一三
■書店・取次様からのご注文以外のお問合せ先
eigyo@yamakei.co.jp

本文フォーマットデザイン　岡本一宣デザイン事務所
印刷・製本　大日本印刷株式会社

定価はカバーに表示してあります
©2023 Kiyotaka Sako All rights reserved.
Printed in Japan ISBN978-4-635-04968-9